Spis treści

Wstęp 1
Rola menedżera: poruszanie się po labiryncie obowiązków 3
Przejście do zarządzania: poruszanie się po przejściu od partnera do lidera 5
Podstawowe umiejętności zarządcze: elementy składowe skutecznego przywództwa 9
Rekrutacja i zatrudnianie: budowanie zespołu marzeń 12
Wdrażanie nowych pracowników: przygotowanie gruntu pod sukces 15
Budowanie dynamiki zespołu: wspieranie współpracy, zaufania i sukcesu 18
Różnorodność i włączenie: akceptowanie różnic, wspieranie innowacji i budowanie lepszej przyszłości 21
Szkolenia i rozwój: inwestowanie w rozwój i sukces swojego zespołu 25
Zarządzanie wydajnością: maksymalizacja potencjału, osiąganie wyników i wspieranie wzrostu 28
Motywacja i zaangażowanie: rozpalanie pasji, wzmacnianie zaangażowania i osiąganie sukcesu 31
Style przywództwa: nawigacja ścieżką do sukcesu 34
Inteligencja emocjonalna: klucz do skutecznego przywództwa i rozwoju osobistego 37
Delegowanie: wzmacnianie pozycji innych, maksymalizacja wydajności i osiąganie sukcesu 40
Zarządzanie czasem: opanowanie sztuki produktywności, równowagi i sukcesu 43
Zarządzanie zmianą: poruszanie się po wiatrach transformacji z odpornością i zdolnością adaptacji 46
Radzenie sobie z trudnymi rozmowami: radzenie sobie z wyzwaniami z empatią, przejrzystością i szacunkiem 49

Rozwiązywanie konfliktów: przekształcanie wyzwań w możliwości rozwoju i współpracy....................52

Zarządzanie kryzysowe: poruszanie się po wzburzonych wodach dzięki odporności i strategii....................55

Tworzenie produktywnego środowiska pracy: kultywowanie kultury, współpracy i dobrego samopoczucia....................59

Doskonalenie procesów: zwiększanie wydajności, jakości i innowacyjności....................63

Wyznaczanie i śledzenie celów: droga do sukcesu dzięki przejrzystości i odpowiedzialności....................67

Planowanie strategiczne: wytyczanie kursu na sukces dzięki wizji i celowi....................70

Podejmowanie decyzji: poruszanie się po złożoności z przejrzystością i pewnością....................73

Innowacja i kreatywność: uwolnienie mocy wyobraźni i pomysłowości....................76

Networking: budowanie połączeń zapewniających sukces i rozwój....................79

Zarządzanie interesariuszami: budowanie relacji zapewniających sukces i zrównoważony rozwój....................82

Współpraca międzyfunkcyjna: wspieranie jedności dla wspólnego sukcesu....................85

Ciągłe uczenie się: wspieranie rozwoju osobistego i zawodowego....................88

Równowaga między życiem zawodowym a prywatnym: pielęgnowanie harmonii w zabieganym świecie....................91

Refleksja i doskonalenie: ścieżka do rozwoju osobistego i zawodowego....................94

Wniosek....................97

Informacja o prawach autorskich

Wszelkie prawa zastrzeżone. Żadna część tej książki nie może być powielana, rozpowszechniana ani przesyłana w jakiejkolwiek formie i w jakikolwiek sposób, w tym poprzez fotokopiowanie, nagrywanie lub innymi metodami elektronicznymi lub mechanicznymi, bez uprzedniej pisemnej zgody wydawcy, z wyjątkiem przypadków dozwolonych przez prawo autorskie.

Wstęp

Witamy w świecie zarządzania – ekscytującej podróży pełnej wyzwań, możliwości i potencjału wywarcia głębokiego wpływu. Niezależnie od tego, czy niedawno awansowałeś na stanowisko kierownicze, czy rozważasz objęcie tej roli, ten przewodnik ma być Twoim zaufanym towarzyszem i oferować kompleksowy plan działania, który pomoże Ci poruszać się po zawiłościach przywództwa z pewnością i kompetencją.

W dzisiejszym dynamicznym i dynamicznym środowisku biznesowym rola menedżera jest ważniejsza niż kiedykolwiek. Menedżerowie to nie tylko kierownicy zadań; są wizjonerami, trenerami i katalizatorami zmian. Są odpowiedzialni za kierowanie zespołami w kierunku wspólnych celów, wspieranie kultury współpracy i innowacji, a ostatecznie zapewnienie sukcesu organizacji.

Jednak wejście na stanowisko kierownicze może być zniechęcające. Wielu nowych menedżerów musi się dużo uczyć, zmagając się z nieznanymi wyzwaniami i obowiązkami. Przejście od bycia rówieśnikiem do kierowania zespołem wymaga zmiany sposobu myślenia i zestawu umiejętności. Wymaga nie tylko głębokiego zrozumienia zawiłości zarządzania, ale także umiejętności inspirowania, motywowania i wzmacniania innych.

Ten przewodnik ma pomóc Ci w płynnym i skutecznym przeprowadzeniu tego przejścia. Niezależnie od tego, czy kierujesz zespołem składającym się z dwóch czy dwudziestu osób, czy odpowiadasz za mały projekt, czy za cały dział, przedstawione tutaj zasady i strategie będą nieocenione, pomagając Ci odnieść sukces jako menedżer.

W kolejnych rozdziałach omówimy szeroki zakres tematów niezbędnych początkującym menedżerom, od zrozumienia podstawowych zasad zarządzania po doskonalenie umiejętności przywódczych, budowanie i rozwój zespołu, radzenie sobie z wyzwaniami, zwiększanie produktywności i wspieranie myślenia strategicznego. Każdy rozdział zawiera mnóstwo praktycznych wskazówek, przykładów z życia wziętych i praktycznych porad zaczerpniętych z najnowszych badań i najlepszych praktyk w dziedzinie zarządzania.

Jednak ta książka to nie tylko poradnik, ale także zaproszenie do wyruszenia w podróż prowadzącą do rozwoju osobistego i zawodowego. Bycie świetnym menedżerem nie polega tylko na opanowaniu zestawu umiejętności; chodzi o kultywowanie sposobu myślenia i nawyków osoby uczącej się przez całe życie, stale dążącej do doskonalenia i ewolucji w odpowiedzi na nowe wyzwania i możliwości.

Niezależnie od tego, czy rozpoczynasz swoją pierwszą rolę kierowniczą, czy też pragniesz udoskonalić swoje dotychczasowe umiejętności przywódcze, zapraszam Cię do zagłębienia się, zbadania i odkrycia transformacyjnej mocy skutecznego zarządzania. Twoja podróż zaczyna się tutaj.

Rola menedżera: poruszanie się po labiryncie obowiązków

W porządku, więc dostałeś rolę kierowniczą. Gratulacje! Ale trzymaj się mocno, bo zaraz wyruszysz w szaloną przejażdżkę pełną zwrotów akcji i większej liczby obowiązków, niż jesteś w stanie się trząść. Co więc dokładnie oznacza bycie menedżerem? Zapnij pasy, przyjacielu, bo zaraz zagłębimy się w labirynt obowiązków kierowniczych.

Najpierw porozmawiajmy o szerszym obrazie. Jako menedżer nie jesteś tylko kolejnym trybikiem w maszynie; to ty kierujesz statkiem. Tak, zgadza się – jesteś teraz kapitanem. Twoim zadaniem jest wyznaczyć kurs, wyznaczyć kierunek i upewnić się, że wszyscy na pokładzie wiosłują w tym samym kierunku. Brzmi jak trudne zadanie, co? Cóż, tak jest, ale nie martw się, podzielimy to na kawałki wielkości kęsa.

Jedną z najważniejszych rzeczy, które będziesz robić jako menedżer, jest wyznaczanie celów. Pomyśl o tym jak o wyznaczeniu kursu na mapie. Gdzie chcesz iść? Co chcesz osiągnąć? Oto pytania, na które musisz odpowiedzieć. Kiedy już ustalisz swoje cele, czas zebrać wojska i zaprosić wszystkich do działania. Komunikacja jest tutaj kluczowa, przyjacielu. Musisz upewnić się, że wszyscy wiedzą, czego się od nich oczekuje i jak ich rola wpisuje się w szerszy obraz.

Ale określenie celów to dopiero początek. Jako menedżer jesteś także odpowiedzialny za dopilnowanie, aby te cele zostały faktycznie osiągnięte. Oznacza to, że musisz uważnie śledzić postępy, śledzić wyniki i w razie potrzeby korygować kurs. To jak bycie trenerem drużyny sportowej – musisz zwracać uwagę na piłkę i upewniać się, że wszyscy grają najlepiej jak potrafią.

Oczywiście zarządzanie nie polega tylko na wyznaczaniu celów i łamaniu bicza. To także wspieranie Twojego zespołu i pomaganie mu w rozwoju. Oznacza to zapewnianie informacji zwrotnej, coaching i mentoring. Pomyśl o sobie jak o ogrodniku — musisz pielęgnować swój zespół i pomagać mu się rozwijać.

Ale czekaj, jest więcej! Jako menedżer jesteś także odpowiedzialny za tworzenie pozytywnego środowiska pracy. Oznacza to wspieranie kultury współpracy, zaufania i szacunku. Musisz być spoiwem spajającym zespół, cheerleaderką utrzymującą wysokie morale i głosem rozsądku, gdy wzrasta napięcie. To ciężka praca, ale hej, ktoś musi to zrobić.

Nie zapominajmy też o rzeczach mniej przyjemnych, takich jak radzenie sobie z konfliktami i rozwiązywanie problemów. Tak, jako menadżer jesteś także strażakiem-rezydentem. Kiedy coś pójdzie nie tak, to ty musisz wkroczyć i uratować sytuację. Niezależnie od tego, czy chodzi o mediację w sporze między członkami zespołu, czy o znalezienie obejścia w przypadku nieudanego projektu, musisz szybko stanąć na nogi i zachować zimną krew pod presją.

Ale hej, to nie tylko zagłada i mrok. Bycie menedżerem wiąże się również z wieloma korzyściami. Po pierwsze, będziesz mieć większą autonomię i władzę niż przeciętny pracownik. Będziesz miał także okazję wywrzeć realny wpływ — nie tylko na swój zespół, ale na całą organizację. Poza tym nie zapominajmy o wynagrodzeniu. Tak, bycie menedżerem często wiąże się z wyższą pensją i lepszymi świadczeniami. Niezbyt tandetny, co?

A więc tak to wygląda – w skrócie rola menedżera. Jest to praca pełna wyzwań, wymagająca, a czasami wręcz stresująca. Ale jest to również niezwykle satysfakcjonujące. Zakasz więc rękawy, naostrz ołówki i przygotuj się na zanurzenie się w dziki i wspaniały świat zarządzania. Masz to!

Przejście do zarządzania: poruszanie się po przejściu od partnera do lidera

W porządku, porozmawiajmy o wielkim skoku — przejściu od bycia kolejnym członkiem zespołu do wcielenia się w menedżera. To podróż pełna emocji, wyzwań i mnóstwa nauki. Napij się więc filiżanki kawy i usiądź wygodnie, zagłębiając się w to, co to znaczy przejść od rówieśnika do lidera.

Na początek zajmijmy się słoniem w pokoju – syndromem budzącego grozę oszusta. Wiesz, o czym mówię – o tym dokuczliwym poczuciu, że nie nadajesz się do tej pracy, że po prostu udajesz, dopóki ci się nie uda. Zastanów się? Nie jesteś sam. Prawie każdy nowy menedżer czuł w pewnym momencie to samo. Rzecz w tym, że nie zostałbyś awansowany, gdyby szef w Ciebie nie wierzył. Weź więc głęboki oddech, trzymaj głowę wysoko i pamiętaj, że masz wszystko, czego potrzeba, aby odnieść sukces.

Porozmawiajmy teraz o sposobie myślenia. Przejście na stanowisko kierownicze nie polega tylko na zdobyciu nowych umiejętności; chodzi także o przyjęcie nowego sposobu myślenia. Nie jesteś już odpowiedzialny tylko za swoją pracę; jesteś teraz odpowiedzialny za pracę innych. Oznacza to przeniesienie uwagi z „ja" na „my". Oznacza to mniej myślenia o tym, jak możesz rozwijać własną karierę, a więcej o tym, jak możesz pomóc swojemu zespołowi odnieść sukces. To subtelna, ale ważna zmiana, która może znacząco zmienić Twoją skuteczność jako menedżera.

Następnie porozmawiajmy o granicach. Dla nowego menedżera kuszące może być staranie się o bycie najlepszym przyjacielem wszystkich, aby zatrzeć granice między szefem a kumplem. Rzecz jednak w tym, że bycie menedżerem oznacza czasami podejmowanie trudnych decyzji, a jest to o wiele trudniejsze, gdy jesteś zbyt blisko członków swojego zespołu. Dlatego też, choć ważne jest, aby być przystępnym i wspierającym, ważne jest również zachowanie pewnego poziomu dystansu zawodowego. Nie oznacza to, że musisz być zdystansowany lub niedostępny, ale oznacza to wyznaczanie jasnych granic i trzymanie się ich.

Porozmawiajmy teraz o komunikacji. Dla menedżera skuteczna komunikacja jest absolutnie kluczowa. Musisz umieć jasno formułować swoje oczekiwania, przekazywać konstruktywną informację zwrotną oraz słuchać obaw i pomysłów członków zespołu. Rzecz jednak w tym, że komunikacja nie polega tylko na tym, co mówisz; chodzi także o sposób, w jaki to mówisz. Twoje słowa, jako menedżera, mają wagę, więc wybieraj je ostrożnie. Zwróć uwagę na swój ton głosu, mowę ciała i zachowanie. Pamiętaj, że komunikacja działa dwukierunkowo, więc upewnij się, że nie tylko rozmawiasz ze swoim zespołem, ale także słuchasz, co mają do powiedzenia.

Oczywiście komunikacja to nie tylko słowa – to także działania. Jako menedżer Twoje zachowanie nadaje ton Twojemu zespołowi. Świeć więc przykładem. Pojawiaj się punktualnie, dotrzymuj terminów i traktuj członków swojego zespołu z szacunkiem. Bądź takim liderem, za którym chciałbyś podążać.

Porozmawiajmy teraz o delegowaniu. Dla nowego menedżera kuszące może być podjęcie próby zrobienia wszystkiego samodzielnie — mikrozarządzania każdym najdrobniejszym szczegółem. Rzecz w tym, że to przepis na wypalenie zawodowe. Twoim zadaniem jako menedżera nie jest wykonywanie pracy; chodzi o to, żeby mieć pewność, że praca zostanie wykonana. Oznacza to naukę skutecznego delegowania zadań. Zidentyfikuj mocne i słabe strony członków swojego zespołu i odpowiednio przydziel im zadania. A potem zaufaj im, że wykonają zadanie. Na początku może to być przerażające, ale pamiętaj – zatrudniłeś członków swojego zespołu nie bez powodu. Daj im szansę zabłysnąć.

W porządku, porozmawiajmy o informacjach zwrotnych. Jako menedżer, przekazywanie informacji zwrotnej jest jednym z Twoich najważniejszych obowiązków. Niezależnie od tego, czy jest to pochwała za dobrze wykonaną pracę, czy konstruktywna krytyka za pracę, która wymaga poprawy, informacja zwrotna pomaga członkom zespołu rozwijać się. Rzecz jednak w tym, że informacja zwrotna nie polega jedynie na wskazaniu, co poszło nie tak; chodzi także o świętowanie tego, co poszło dobrze. Nie zapomnij więc udzielić kredytu tam, gdzie jest on należny. Pamiętaj też, że informacje zwrotne powinny zawsze być konkretne, aktualne i przydatne. Nie mów tylko członkom zespołu, że muszą działać lepiej; pokaż im jak.

Porozmawiajmy teraz o podejmowaniu decyzji. Jako menedżer będziesz regularnie musiał podejmować trudne decyzje. Niektóre z nich będą łatwe, inne trudne, a jeszcze inne nie pozwolą ci zasnąć w nocy. Ale o to właśnie chodzi – unikanie decyzji nie wchodzi w grę. Jako menedżer musisz być gotowy na podejmowanie trudnych decyzji, nawet jeśli są one niepopularne. Nie oznacza to, że powinieneś podejmować decyzje w próżni; oznacza to, że powinieneś zebrać wszystkie istotne informacje, rozważyć zalety i wady, a następnie podjąć najlepszą decyzję, jaką możesz, korzystając z posiadanych informacji. I pamiętaj, że nie każda decyzja zakończy się sukcesem i to jest w porządku. Ucz się na swoich błędach, w razie potrzeby dostosuj kurs i idź dalej.

Dobra, porozmawiajmy o zarządzaniu czasem. Jako menedżer Twój czas jest cenny i nigdy nie jest go wystarczająco dużo. Oznacza to, że musisz być bezwzględny w ustalaniu priorytetów swoich zadań i efektywnym zarządzaniu czasem. Określ swoje najważniejsze priorytety i skup się na nich w pierwszej kolejności. Deleguj lub odraczaj mniej ważne zadania. I nie zapomnij znaleźć czasu na przerwy i opiekę nad sobą. Pamiętajcie, że z pustego kubka nie da się nalać, więc pamiętajcie, żeby też o siebie zadbać.

Porozmawiajmy teraz o samoświadomości. Jako menedżer ważne jest, aby znać swoje mocne i słabe strony, słabe punkty i uprzedzenia. Poświęć trochę czasu na przemyślenie własnego zachowania i jego wpływu na Twój zespół. Bądź otwarty na uwagi i bądź gotowy przyznać się do błędu. I pamiętajcie, nikt nie jest doskonały – nad wszystkimi pracujemy w toku.

Dobra, zakończmy to. Przejście na stanowisko kierownicze to podróż pełna wzlotów i upadków, wyzwań i triumfów. Ale przy odpowiednim nastawieniu, umiejętnościach i wsparciu masz wszystko, czego potrzeba, aby odnieść sukces. Zakasz więc rękawy, weź się w garść i przygotuj się na prowadzenie. Masz to!

Podstawowe umiejętności zarządcze: elementy składowe skutecznego przywództwa

W porządku, przejdźmy do sedna i porozmawiajmy o sedno — podstawowych umiejętnościach zarządzania, których potrzebujesz, aby odnieść sukces w roli lidera. Mówimy o podstawowych umiejętnościach, które zapewnią Ci sukces, niezależnie od tego, czy zarządzasz zespołem składającym się z dwóch czy dwudziestu osób, czy kierujesz małym projektem, czy całym działem. Więc weź długopis i papier, bo zaraz zagłębimy się w to, czego potrzeba, aby być świetnym menedżerem.

Na początek porozmawiajmy o komunikacji. Dla menedżera skuteczna komunikacja jest absolutnie kluczowa. Musisz umieć jasno formułować swoje oczekiwania, przekazywać konstruktywną informację zwrotną oraz słuchać obaw i pomysłów członków zespołu. Rzecz jednak w tym, że komunikacja nie polega tylko na tym, co mówisz; chodzi także o sposób, w jaki to mówisz. Twoje słowa, jako menedżera, mają wagę, więc wybieraj je ostrożnie. Zwróć uwagę na swój ton głosu, mowę ciała i zachowanie. Pamiętaj, że komunikacja działa dwukierunkowo, więc upewnij się, że nie tylko rozmawiasz ze swoim zespołem, ale także słuchasz, co mają do powiedzenia.

Następnie porozmawiajmy o podejmowaniu decyzji. Jako menedżer będziesz regularnie musiał podejmować trudne decyzje. Niektóre z nich będą łatwe, inne trudne, a jeszcze inne nie pozwolą ci zasnąć w nocy. Ale o to właśnie chodzi – unikanie decyzji nie wchodzi w grę. Jako menedżer musisz być gotowy na podejmowanie trudnych decyzji, nawet jeśli są one niepopularne. Nie oznacza to, że powinieneś podejmować decyzje w próżni; oznacza to, że powinieneś zebrać wszystkie istotne informacje, rozważyć zalety i wady, a następnie podjąć najlepszą decyzję, jaką możesz, korzystając z posiadanych informacji.

I pamiętaj, że nie każda decyzja zakończy się sukcesem i to jest w porządku. Ucz się na swoich błędach, w razie potrzeby dostosuj kurs i idź dalej.

Porozmawiajmy teraz o delegowaniu. Dla nowego menedżera kuszące może być podjęcie próby zrobienia wszystkiego samodzielnie — mikrozarządzania każdym najdrobniejszym szczegółem. Rzecz w tym, że to przepis na wypalenie zawodowe. Twoim zadaniem jako menedżera nie jest wykonywanie pracy; chodzi o to, żeby mieć pewność, że praca zostanie wykonana. Oznacza to naukę skutecznego delegowania zadań. Zidentyfikuj mocne i słabe strony członków swojego zespołu i odpowiednio przydziel im zadania. A potem zaufaj im, że wykonają zadanie. Na początku może to być przerażające, ale pamiętaj – zatrudniłeś członków swojego zespołu nie bez powodu. Daj im szansę zabłysnąć.

W porządku, porozmawiajmy o informacjach zwrotnych. Jako menedżer, przekazywanie informacji zwrotnej jest jednym z Twoich najważniejszych obowiązków. Niezależnie od tego, czy jest to pochwała za dobrze wykonaną pracę, czy konstruktywna krytyka za pracę, która wymaga poprawy, informacja zwrotna pomaga członkom zespołu rozwijać się. Rzecz jednak w tym, że informacja zwrotna nie polega jedynie na wskazaniu, co poszło nie tak; chodzi także o świętowanie tego, co poszło dobrze. Nie zapomnij więc udzielić kredytu tam, gdzie jest on należny. Pamiętaj też, że informacje zwrotne powinny zawsze być konkretne, aktualne i przydatne. Nie mów tylko członkom zespołu, że muszą działać lepiej; pokaż im jak.

Następnie porozmawiajmy o zarządzaniu czasem. Jako menedżer Twój czas jest cenny i nigdy nie jest go wystarczająco dużo. Oznacza to, że musisz być bezwzględny w ustalaniu priorytetów swoich zadań i efektywnym zarządzaniu czasem. Określ swoje najważniejsze priorytety i skup się na nich w pierwszej kolejności. Deleguj lub odraczaj mniej ważne zadania. I nie zapomnij znaleźć czasu na przerwy i opiekę nad sobą. Pamiętajcie, że z pustego kubka nie da się nalać, więc pamiętajcie, żeby też o siebie zadbać.

Porozmawiajmy teraz o przywództwie. Jako menedżer nie jesteś tylko szefem; jesteś liderem. Oznacza to inspirowanie, motywowanie i umożliwianie członkom zespołu wykonywania najlepszej pracy. Oznacza to dawanie przykładu, nadawanie tonu swojemu zespołowi i tworzenie pozytywnego środowiska pracy, w którym każdy czuje się ceniony i wspierany. Rzecz jednak w tym, że przywództwo nie polega na byciu najgłośniejszym głosem w pomieszczeniu i posiadaniu wszystkich odpowiedzi. Chodzi o pokorę, empatię i chęć zakasania rękawów i ubrudzenia sobie rąk, gdy zajdzie taka potrzeba. Chodzi o budowanie zaufania i wspieranie współpracy. Chodzi o rozpoznanie wyjątkowych mocnych stron i talentów każdej osoby w zespole i pomoc im w osiągnięciu pełnego potencjału.

Na koniec porozmawiajmy o możliwościach adaptacji. Jako menedżer będziesz regularnie napotykał nieoczekiwane wyzwania, zmiany i problemy. Taka jest po prostu natura bestii. Dlatego ważne jest, aby być elastycznym, dostosowywać się i móc walczyć z ciosami. Oznacza to otwartość na nowe pomysły, chęć wypróbowywania nowych podejść i zdolność do zmiany sytuacji, gdy sprawy nie idą zgodnie z planem. Oznacza to, że trzeba być odpornym na przeciwności losu i potrafić podnosić się po niepowodzeniach. Pamiętaj, że zmiany są nieuniknione, ale to, jak na nie zareagujesz, zależy od Ciebie.

W porządku, więc to wszystko — podstawowe umiejętności zarządzania, których potrzebujesz, aby odnieść sukces jako lider. Komunikacja, podejmowanie decyzji, delegowanie, informacja zwrotna, zarządzanie czasem, przywództwo i zdolność adaptacji. Opanuj te umiejętności, a będziesz na dobrej drodze do zostania menedżerem, z którego ludzie będą dumni. Zakasz więc rękawy, weź się w garść i przygotuj się na prowadzenie. Masz to!

Rekrutacja i zatrudnianie: budowanie zespołu marzeń

W porządku, przyjrzyjmy się jednemu z najważniejszych aspektów bycia menedżerem — rekrutacji i zatrudnianiu. Budowanie silnego zespołu jest jak budowanie domu; wszystko zaczyna się od solidnego fundamentu. Łap więc swój kask i skrzynkę z narzędziami, ponieważ zaraz przygotujemy podstawy do wyszukiwania i zatrudniania najlepszych talentów.

Na początek porozmawiajmy o znaczeniu rekrutacji. Twój zespół jest tak silny, jak jego najsłabsze ogniwo, dlatego niezwykle ważne jest, aby zainwestować czas i wysiłek w znalezienie odpowiednich osób na dane stanowisko. Rzecz jednak w tym, że rekrutacja nie polega tylko na obsadzeniu stanowiska; chodzi o znalezienie idealnego dopasowania. Nie szukasz tylko kogoś, kto wykona tę pracę; szukasz kogoś, kto będzie w tym najlepszy, kogoś, kto podziela Twoje wartości i wizję zespołu.

Jak więc znaleźć te nieuchwytne jednorożce? Wszystko zaczyna się od wiedzy, czego szukasz. Zanim w ogóle pomyślisz o opublikowaniu ogłoszenia o pracę, poświęć trochę czasu na jasne określenie stanowiska i jego wymagań. Jakie umiejętności i doświadczenie są niezbędne? Jakich cech osobowości szukasz? Jakie wartości i dopasowanie kulturowe są ważne dla Twojego zespołu? Kiedy już będziesz miał jasny obraz tego, czego szukasz, czas zarzucić sieć i zacząć przyciągać kandydatów.

Jednym z najskuteczniejszych sposobów przyciągnięcia najlepszych talentów jest zamieszczanie ogłoszeń o pracę. Pomyśl o tym jak o prezentacji sprzedażowej — chcesz podkreślić korzyści płynące z pracy w swoim zespole i chcesz, aby ta praca brzmiała jak najbardziej atrakcyjnie. Pamiętaj, aby podać wszystkie istotne szczegóły, takie jak stanowisko, obowiązki, kwalifikacje oraz wszelkie dodatki i korzyści. I nie zapomnij nadać swoim wpisom odrobiny osobowości — w końcu chcesz przyciągnąć kandydatów, którzy nie tylko mają kwalifikacje, ale także są podekscytowani możliwością dołączenia do Twojego zespołu. Ale opublikowanie ogłoszenia o pracę to dopiero początek. Aby naprawdę przyciągnąć największe talenty, musisz udać się tam, gdzie są kandydaci. Oznacza to wykorzystanie sieci, uczestnictwo w wydarzeniach branżowych i korzystanie z platform internetowych, takich jak LinkedIn i portale z ofertami pracy. Nie bój się wykazać kreatywnością — myśl nieszablonowo i odkrywaj niekonwencjonalne kanały znajdowania talentów.

Gdy już przyciągniesz grupę kandydatów, czas zakasać rękawy i rozpocząć proces selekcji. Tutaj oddziela się ziarno od plew i diament od nieoszlifowanego. Zacznij od przejrzenia CV i listów motywacyjnych, szukając kandydatów spełniających podstawowe kwalifikacje na dane stanowisko. Ale nie poprzestawaj na tym – kop głębiej. Szukaj dowodów osiągnięć i osiągnięć, a nie tylko listy obowiązków zawodowych. I nie zapomnij zwracać uwagi na drobne szczegóły — błędy ortograficzne, problemy z formatowaniem i inne sygnały ostrzegawcze mogą być oznaką niechlujstwa lub braku dbałości o szczegóły.

Kiedy już zawęzisz pulę kandydatów, czas przejść do kolejnej fazy — rozmów kwalifikacyjnych. To Twoja szansa na głębsze poznanie kandydatów, ocenę ich umiejętności, doświadczenia i dopasowania do Twojego zespołu. Pamiętaj jednak, że rozmowa kwalifikacyjna działa w obie strony. Nie chodzi tylko o zadawanie pytań kandydatowi; chodzi także o umożliwienie im zadawania pytań i dowiedzenia się więcej o roli i zespole. Dlatego pamiętaj, aby stworzyć przyjazne i angażujące środowisko i bądź przygotowany na udzielenie odpowiedzi na wszelkie pytania, jakie mogą mieć.

Ale wywiady to tylko jeden element układanki. Aby naprawdę ocenić przydatność kandydata na dane stanowisko, ważne jest wyjście poza tradycyjną formę rozmowy kwalifikacyjnej. Rozważ włączenie do procesu rekrutacji ćwiczeń praktycznych, studiów przypadków lub symulacji pracy. Mogą one dostarczyć cennych informacji na temat umiejętności kandydata, umiejętności rozwiązywania problemów i dopasowania kulturowego.

W porządku, więc znalazłeś swojego wymarzonego kandydata – co teraz? Cóż, czas przypieczętować transakcję. Zanim jednak złożysz ofertę, sprawdź referencje i przeprowadź niezbędną weryfikację przeszłości. Chcesz mieć pewność, że zatrudniasz osobę nie tylko wykwalifikowaną, ale także godną zaufania i godną zaufania.

Po przeprowadzeniu należytej staranności nadszedł czas na złożenie oferty. Pamiętaj, aby jasno określić warunki zatrudnienia, w tym wynagrodzenie, świadczenia, datę rozpoczęcia i wszelkie inne istotne szczegóły. Nie zapomnij też wyrazić swojego entuzjazmu z powodu dołączenia ich do Twojego zespołu — w końcu chcesz, aby byli tak samo podekscytowani tą szansą jak Ty.

No dobrze, więc to wszystko – w skrócie rekrutacja i zatrudnianie. To trudny i czasochłonny proces, ale przy właściwym podejściu i odrobinie wytrwałości możesz zbudować zespół, który będzie kompetentny, zmotywowany i gotowy na podbój świata. Więc zakasaj rękawy, wyjdź i zacznij budować swój wymarzony zespół. Przyszłość należy do Ciebie!

Wdrażanie nowych pracowników: przygotowanie gruntu pod sukces

W porządku, właśnie zatrudniłeś nowego pracownika — gratulacje! Ale poczekaj chwilę, bo prawdziwa praca dopiero się zaczyna. Teraz przychodzi kluczowe zadanie wdrożenia ich do swojego zespołu i zapewnienia sukcesu. Skuteczne wdrożenie jest jak położenie fundamentów pod nowy budynek — przygotowuje grunt pod wszystko, co nastąpi później. Zatem łap za kask i plany, bo zaraz zagłębimy się w sztukę wdrażania nowych pracowników.

Na początek porozmawiajmy o znaczeniu onboardingu. Badania pokazują, że skuteczny onboarding może mieć znaczący wpływ na retencję pracowników, produktywność i satysfakcję. W rzeczywistości pracownicy, którzy przejdą ustrukturyzowany proces onboardingu, z większym prawdopodobieństwem pozostaną w firmie na dłużej i będą osiągać lepsze wyniki niż ci, którzy tego nie zrobią. Dlatego inwestowanie czasu i wysiłku we wdrażanie nowych pracowników to nie tylko przyjemność – to konieczność.

W porządku, skoro już ustaliliśmy, dlaczego onboarding jest ważny, porozmawiajmy o tym, jak zrobić to dobrze. Skuteczne wdrażanie polega na tym, aby nowi pracownicy czuli się mile widziani, doceniani i przygotowani do szybkiego rozpoczęcia pracy. Chodzi o to, aby pomóc im zintegrować się z zespołem, zrozumieć ich rolę i obowiązki oraz zyskać pewność, że mogą odnieść sukces.

Jednym z pierwszych kroków w procesie onboardingu jest stworzenie przyjaznego środowiska dla nowego pracownika. Pomyśl o tym jak o rozwinięciu czerwonego dywanu — chcesz, aby od pierwszego dnia poczuli się jak VIP. Oznacza to ciepłe powitanie ich po przybyciu, przedstawienie ich współpracownikom i oprowadzenie po biurze. Pamiętaj, aby wcześniej przygotować dla nich przestrzeń roboczą zawierającą wszystkie narzędzia i zasoby potrzebne do rozpoczęcia pracy.

Następnie porozmawiajmy o formalnościach. Wiem, wiem, to nie jest najbardziej ekscytująca część onboardingu, ale mimo to jest ważna. Upewnij się, że masz przygotowane wszystkie niezbędne dokumenty, które nowy pracownik będzie mógł wypełnić pierwszego dnia, w tym formularze podatkowe, informacje o płacach i wszelkie inne wymagane dokumenty. Możesz usprawnić ten proces, udostępniając z wyprzedzeniem formularze elektroniczne i oferując pomoc w razie potrzeby.

W porządku, skoro papierkowa robota została już załatwiona, czas przejść do sedna pracy. W tym miejscu przedstawisz nowemu pracownikowi jego rolę i obowiązki oraz zapewnisz mu informacje i szkolenia potrzebne do osiągnięcia sukcesu. Pamiętaj, aby omówić podstawy, takie jak zasady i procedury firmy, a także wszelkie szczegółowe oczekiwania dotyczące ich stanowiska. I nie zapomnij przypisać im mentora lub kumpla, który pomoże im przetrwać pierwsze tygodnie w pracy.

Ale onboarding to nie tylko bombardowanie nowego pracownika informacjami – to także wzmacnianie kontaktów i budowanie relacji. Poświęć trochę czasu na zaplanowanie indywidualnych spotkań z kluczowymi interesariuszami, w tym z ich menedżerem, członkami zespołu i innymi współpracownikami, z którymi będą blisko współpracować. Spotkania te dają Twojemu nowemu pracownikowi okazję do zadawania pytań, poznania współpracowników i rozpoczęcia budowania niezwykle ważnych relacji.

Dobra, porozmawiajmy o treningu. W ramach procesu wdrażania ważne jest zapewnienie nowemu pracownikowi szkolenia, którego potrzebuje, aby wyróżniać się na swoim stanowisku. Może to obejmować formalne sesje szkoleniowe, możliwości śledzenia lub praktyczne doświadczenie w zakresie kluczowych zadań i projektów. Pamiętaj, aby dostosować szkolenie do stylu i tempa uczenia się nowego pracownika oraz zapewnić mu wiele możliwości uzyskania informacji zwrotnej i wsparcia.

Oczywiście onboarding nie kończy się po pierwszym dniu, ani nawet pierwszym tygodniu. Skuteczny onboarding to proces ciągły, który trwa tygodnie, miesiące, a nawet dłużej, w zależności od złożoności roli. Pamiętaj, aby regularnie kontaktować się z nowym pracownikiem, aby zobaczyć, jak się dostosowuje, odpowiedzieć na wszelkie pytania lub wątpliwości, jakie może mieć, a także zapewnić dodatkowe wsparcie lub szkolenie, jeśli to konieczne.

Dobra, zakończmy to. Wdrażanie nowych pracowników to kluczowy krok zapewniający im sukces i gwarantujący, że od pierwszego dnia poczują się mile widziani i cenieni. Tworząc przyjazne środowisko, zapewniając niezbędne informacje i szkolenia, wzmacniając kontakty i relacje oraz oferując ciągłe wsparcie i informacje zwrotne, możesz pomóc swoim nowym pracownikom szybko rozpocząć pracę i stać się wartościowymi członkami Twojego zespołu. Rozwiń więc czerwony dywan, powitaj nowego pracownika z otwartymi ramionami i przygotuj się na obserwowanie jego rozwoju. Przyszłość jest jasna!

Budowanie dynamiki zespołu: wspieranie współpracy, zaufania i sukcesu

W porządku, porozmawiajmy o jednym z najważniejszych aspektów bycia menedżerem — budowaniu silnej dynamiki zespołu. Twój zespół jest jak dobrze naoliwiona maszyna; Kiedy wszyscy sprawnie ze sobą współpracują, można osiągnąć niesamowite rzeczy. Jednak zbudowanie tej dynamiki nie następuje z dnia na dzień — wymaga czasu, wysiłku i dużej ilości celowości. Łap więc swoją skrzynkę narzędziową i kask, bo zaraz zagłębimy się w sztukę budowania efektywnej dynamiki zespołu.

Na początek porozmawiajmy o znaczeniu dynamiki zespołu. Badania pokazują, że zespoły o dużej dynamice są bardziej produktywne, bardziej innowacyjne i bardziej odporne na wyzwania. Potrafią lepiej współpracować, komunikować się i skutecznie rozwiązywać problemy. Innymi słowy, silna dynamika zespołu to tajemnica, która może zmienić Twój zespół z dobrego w świetny.

Jak więc zabrać się za budowanie silnej dynamiki zespołu? Wszystko zaczyna się od wspierania kultury współpracy i zaufania. Członkowie Twojego zespołu muszą czuć się bezpiecznie, mogąc wyrażać swoje zdanie, dzielić się swoimi pomysłami i podejmować ryzyko bez obawy przed oceną lub odwetem. Oznacza to stworzenie środowiska, w którym głos wszystkich jest słyszalny i ceniony, w którym opinie są konstruktywne i pełne szacunku oraz w którym celebrowana jest różnorodność myśli i perspektyw.

Jednym z najlepszych sposobów wspierania współpracy i zaufania są działania związane z budowaniem zespołu. Mogą one być tak proste, jak gry polegające na przełamywaniu lodów, lub tak wyszukane, jak rekolekcje poza siedzibą firmy — chodzi o znalezienie tego, co sprawdzi się dla Twojego zespołu. Celem jest stworzenie członkom zespołu okazji do głębszego poznania się, zbudowania relacji i wzmocnienia więzi. Niezależnie od tego, czy jest to polowanie na padlinożerców, park linowy czy runda ciekawostek zespołowych, kluczem jest stworzenie wrażeń, które będą zabawne, wciągające i znaczące.

Ale działania związane z budowaniem zespołu to tylko jeden element układanki. Budowanie silnej dynamiki zespołu wymaga także ciągłego wysiłku i inwestycji w budowanie relacji. Oznacza to planowanie regularnych spotkań zespołu, indywidualnych spotkań i nieformalnych spotkań poza pracą. Oznacza to poświęcenie czasu na wysłuchanie obaw członków zespołu, świętowanie ich sukcesów i oferowanie wsparcia w razie potrzeby. Oznacza to dawanie przykładu i modelowanie zachowań, jakie chcesz widzieć w swoim zespole.

Dobra, porozmawiajmy o komunikacji. Skuteczna komunikacja jest absolutnie kluczowa dla budowania silnej dynamiki zespołu. Członkowie Twojego zespołu muszą mieć możliwość swobodnego i otwartego dzielenia się informacjami, pomysłami i opiniami. Oznacza to tworzenie kanałów komunikacji, które są jasne, przejrzyste i dostępne dla każdego. Niezależnie od tego, czy chodzi o regularne spotkania zespołu, aktualizacje e-mailowe, czy dedykowaną platformę do przesyłania wiadomości, kluczem jest zapewnienie, że wszyscy są na tej samej stronie i mają informacje potrzebne do skutecznego wykonywania swojej pracy.

Ale komunikacja to nie tylko mówienie – to także słuchanie. Jako menedżer ważne jest, aby stworzyć przestrzeń, w której członkowie zespołu będą mogli dzielić się swoimi przemyśleniami, obawami i pomysłami. Oznacza to aktywne poszukiwanie ich wkładu, proszenie o opinie i upewnianie się, że każdy ma szansę zostać wysłuchany. Pamiętaj, że komunikacja działa dwukierunkowo, dlatego pamiętaj, aby tyle samo słuchać, co mówić.

Następnie porozmawiajmy o odpowiedzialności. Budowanie silnej dynamiki zespołu oznacza pociąganie wszystkich do odpowiedzialności za swoje działania i wkład w zespół. Oznacza to ustalenie jasnych oczekiwań, zdefiniowanie ról i obowiązków oraz przeprowadzanie regularnych kontroli w celu oceny postępów i przekazywania informacji zwrotnych. Jednak odpowiedzialność nie polega na wytykaniu palcami czy przypisywaniu winy – polega na rozwijaniu kultury własności i odpowiedzialności, w której wszyscy są dumni ze swojej pracy i trzymają siebie i siebie nawzajem zgodnie z wysokimi standardami.

Oczywiście budowanie silnej dynamiki zespołu wymaga również zdrowej dawki empatii i inteligencji emocjonalnej. Członkowie Twojego zespołu to ludzie z własnymi nadziejami, obawami i aspiracjami. Jako menedżer ważne jest, aby rozpoznawać i szanować różnice indywidualne oraz być wrażliwym na ich potrzeby i uczucia. Oznacza to empatię i zrozumienie, oferowanie wsparcia i zachęty oraz chęć wysłuchania, gdy zajdzie taka potrzeba. Pamiętaj, że odrobina życzliwości i współczucia może bardzo pomóc w budowaniu zaufania i relacji z zespołem.

Dobra, zakończmy to. Budowanie silnej dynamiki zespołu nie jest łatwym zadaniem, ale przy właściwym podejściu i odrobinie wytrwałości możesz stworzyć zespół, który jest zdolny, spójny i gotowy na podbój świata. Wspierając kulturę współpracy i zaufania, inwestując w relacje, promując otwartą i przejrzystą komunikację, pociągając wszystkich do odpowiedzialności oraz kierując empatią i inteligencją emocjonalną, możesz stworzyć zespół, który jest większy niż suma jego części. Więc zakasaj rękawy, wyjdź i zacznij budować dynamikę. Przyszłość jest jasna!

Różnorodność i włączenie: akceptowanie różnic, wspieranie innowacji i budowanie lepszej przyszłości

W porządku, porozmawiajmy o jednym z najważniejszych tematów w dzisiejszym miejscu pracy — różnorodności i włączeniu. W świecie, który staje się coraz bardziej połączony i zróżnicowany, akceptowanie różnic jest nie tylko właściwym postępowaniem, ale także mądrym posunięciem biznesowym. Zatem usiądź wygodnie, bo zaraz zagłębimy się w znaczenie różnorodności i włączenia społecznego w miejscu pracy.

Najpierw zdefiniujmy nasze warunki. Kiedy mówimy o różnorodności, mamy na myśli coś więcej niż tylko rasę i płeć. Różnorodność obejmuje szeroki zakres różnic, w tym między innymi wiek, pochodzenie etniczne, religię, orientację seksualną, niepełnosprawność, status społeczno-ekonomiczny i inne. Innymi słowy, różnorodność polega na uznawaniu i celebrowaniu wyjątkowych cech i perspektyw, które każda jednostka wnosi do stołu.

Ale różnorodność to tylko część równania. Włączenie jest równie ważne. Włączenie polega na stworzeniu środowiska, w którym każdy czuje się mile widziany, ceniony i szanowany, niezależnie od swojego pochodzenia i tożsamości. Chodzi o wspieranie poczucia przynależności, dzięki któremu każdy czuje się na siłach, aby być autentycznym sobą i wnosić swój pełny potencjał. Innymi słowy, różnorodność jest zaproszeniem na imprezę, ale inkluzja jest proszona do tańca.

Dlaczego zatem różnorodność i włączenie są tak ważne w miejscu pracy? Po pierwsze, zróżnicowane zespoły są bardziej innowacyjne i kreatywne. Kiedy łączysz ludzi o różnym pochodzeniu, doświadczeniach i perspektywach, istnieje większe prawdopodobieństwo, że wpadniesz na świeże pomysły i rozwiązania złożonych problemów. Różnorodność pobudza kreatywność, inicjuje innowacje i napędza sukces biznesowy.

Jednak różnorodność i włączenie społeczne to coś więcej niż tylko wyniki finansowe. Dotyczą także odpowiedzialności społecznej i etycznego przywództwa. W dzisiejszym coraz bardziej zróżnicowanym i połączonym świecie nie wystarczy już bezmyślne deklarowanie różnorodności i włączenia społecznego – konieczne jest ich aktywne promowanie i wspieranie. Oznacza to tworzenie polityk i praktyk promujących różnorodność i włączenie społeczne, wspieranie kultury otwartości i szacunku oraz pociąganie siebie i innych do odpowiedzialności za tworzenie środowiska, w którym każdy może się rozwijać.

W porządku, porozmawiajmy o korzyściach płynących z różnorodności i włączenia w miejscu pracy. Badania pokazują, że firmy posiadające zróżnicowane i włączające miejsca pracy odnoszą większe sukcesy, są bardziej rentowne i bardziej konkurencyjne na rynku. Przyciągają najlepsze talenty, zatrzymują pracowników na dłużej i charakteryzują się wyższym poziomem zaangażowania i satysfakcji pracowników. Innymi słowy, różnorodność i włączenie są dobre nie tylko dla biznesu – są także dobre dla ludzi.

Jednak budowanie zróżnicowanego i włączającego miejsca pracy nie zawsze jest łatwe. Wymaga zaangażowania, wysiłku i chęci skonfrontowania się z własnymi uprzedzeniami i założeniami. Oznacza to kwestionowanie status quo, przeciwstawienie się dyskryminacji i nierówności oraz opowiadanie się za zmianami. Oznacza to tworzenie polityk i praktyk promujących różnorodność i włączenie, od rekrutacji i zatrudniania po awans i rozwój przywództwa. Oznacza to także wspieranie kultury otwartości, szacunku i empatii, w której każdy czuje się ceniony i szanowany.

W porządku, porozmawiajmy o praktycznych krokach, które możesz podjąć, aby promować różnorodność i włączenie w swoim miejscu pracy. Jednym z pierwszych kroków jest edukacja siebie i swojego zespołu na temat znaczenia różnorodności i włączenia społecznego. Może to obejmować organizację warsztatów, sesji szkoleniowych lub dyskusji na temat nieświadomych uprzedzeń, przywilejów i dyskryminacji. Ważne jest, aby stworzyć wspólne zrozumienie, dlaczego różnorodność i włączenie społeczne są ważne i jakie korzyści przynoszą wszystkim.

Następnie porozmawiajmy o rekrutacji i zatrudnianiu. Budowanie zróżnicowanego zespołu zaczyna się od przyciągnięcia zróżnicowanej puli kandydatów. Oznacza to zarzucenie szerokiej sieci, dotarcie do niedostatecznie reprezentowanych grup i usunięcie barier wejścia. Oznacza to również wdrażanie praktyk promujących różnorodność i włączenie, takich jak weryfikacja życiorysów w ciemno, zróżnicowane panele rozmów kwalifikacyjnych i włączający język w ofertach pracy. A kiedy już zatrudnisz zróżnicowany zespół, ważne jest, aby stworzyć włączający proces wdrożenia, który sprawi, że wszyscy poczują się mile widziani i cenieni od pierwszego dnia.

Jednak różnorodność i włączenie nie kończą się na rekrutacji i zatrudnianiu — to ciągłe wysiłki wymagające ciągłej uwagi i inwestycji. Oznacza to tworzenie możliwości rozwoju i awansu zawodowego dla wszystkich pracowników, niezależnie od ich pochodzenia i tożsamości. Oznacza to promowanie różnorodności w rolach przywódczych i decyzyjnych oraz zapewnienie każdemu miejsca przy stole. Oznacza to także wspieranie kultury otwartości, szacunku i empatii, w której każdy czuje się upoważniony do wypowiadania się, dzielenia się swoimi pomysłami i kwestionowania status quo.

W porządku, porozmawiajmy o roli przywództwa w promowaniu różnorodności i włączenia społecznego. Liderzy mają wyjątkową okazję – i obowiązek – nadawać ton swoim organizacjom i dawać przykład. Oznacza to aktywne promowanie różnorodności i włączenia społecznego, zarówno poprzez słowa, jak i działania. Oznacza to wspieranie różnorodności w decyzjach o zatrudnieniu i awansie, propagowanie polityki i praktyk promujących równość i uczciwość oraz tworzenie kultury odpowiedzialności, w której wszyscy przestrzegają tych samych standardów. Oznacza to także chęć słuchania opinii, uczenia się na błędach i ciągłego dążenia do poprawy.

Jednak promowanie różnorodności i włączenia społecznego to nie tylko obowiązek liderów – to obowiązek każdego z nas. Każdy z nas ma rolę do odegrania w tworzeniu miejsca pracy, w którym każdy czuje się mile widziany, ceniony i szanowany. Niezależnie od tego, czy chodzi o wypowiadanie się przeciwko dyskryminacji, opowiadanie się za zmianami, czy po prostu bycie sojusznikiem tych, którzy są niedostatecznie reprezentowani, wszyscy mamy moc, aby coś zmienić.

Dobra, zakończmy to. Różnorodność i włączenie społeczne to nie tylko modne hasła — to niezbędne składniki budowania lepszej, jaśniejszej przyszłości. Akceptując różnice, wspierając innowacje i tworząc kulturę przynależności, możemy stworzyć miejsca pracy, które będą nie tylko bardziej skuteczne i dochodowe, ale także bardziej satysfakcjonujące i satysfakcjonujące dla wszystkich. Zakaszmy więc rękawy, zabierzmy się do pracy i zbudujmy świat, w którym każdy ma szansę się rozwijać. Przyszłość należy do nas.

Szkolenia i rozwój: inwestowanie w rozwój i sukces swojego zespołu

W porządku, przyjrzyjmy się jednemu z najważniejszych aspektów bycia menedżerem — szkoleniom i rozwojowi. W dzisiejszym dynamicznym świecie jedyną stałą jest zmiana, dlatego inwestowanie we wzrost i rozwój swojego zespołu jest niezbędne, aby wyprzedzić konkurencję. Więc weź długopis i papier, bo zaraz przyjrzymy się tajnikom szkoleń i rozwoju w miejscu pracy.

Na początek porozmawiajmy o tym, dlaczego szkolenia i rozwój są tak ważne. Krótko mówiąc, inwestowanie we wzrost i rozwój swojego zespołu jest dobre nie tylko dla nich – jest także dobre dla Twojej firmy. Pracownicy, którzy otrzymują regularne szkolenia i możliwości rozwoju, są bardziej zaangażowani, bardziej produktywni i chętniej pozostają w firmie na dłużej. Są także lepiej przygotowani do dostosowywania się do nowych wyzwań, wykorzystywania szans i wprowadzania innowacji. Innymi słowy, szkolenia i rozwój to nie tylko koszt — to inwestycja w przyszły sukces Twojego zespołu i Twojej firmy.

W porządku, skoro już ustaliliśmy, dlaczego szkolenia i rozwój są ważne, porozmawiajmy o tym, jak zrobić to dobrze. Skuteczne programy szkoleń i rozwoju to coś więcej niż tylko zaznaczanie pól lub zaznaczanie kompetencji na liście. Ich zadaniem jest tworzenie znaczących doświadczeń edukacyjnych, które pozwolą członkom Twojego zespołu rozwijać się i odnosić sukcesy. Oznacza to dostosowanie programów szkoleniowych i rozwojowych do konkretnych potrzeb i celów członków zespołu oraz zapewnienie możliwości praktycznej nauki, informacji zwrotnej i wsparcia.

Jednym z pierwszych kroków w tworzeniu skutecznego programu szkoleń i rozwoju jest ocena potrzeb Twojego zespołu i identyfikacja obszarów wymagających poprawy. Może to obejmować przeprowadzanie ankiet, wywiadów lub ocen wyników w celu zebrania informacji zwrotnych od członków zespołu na temat ich umiejętności, wiedzy i celów zawodowych. Po zidentyfikowaniu obszarów wymagających poprawy nadszedł czas na opracowanie planu ich rozwiązania.

Jednak szkolenia i rozwój to nie tylko eliminowanie słabych stron – to także budowanie na mocnych stronach. Poświęć trochę czasu na zidentyfikowanie wyjątkowych talentów i zainteresowań członków swojego zespołu oraz zapewnij im możliwości rozwoju i wzrostu w obszarach, w których wyróżniają się. Niezależnie od tego, czy chodzi o formalne sesje szkoleniowe, programy mentorskie, czy możliwości uczenia się w miejscu pracy, kluczem jest stworzenie kultury ciągłego uczenia się i doskonalenia.

Następnie porozmawiajmy o różnych rodzajach programów szkoleniowych i rozwojowych, które możesz zaoferować. Dostępnych jest niezliczona ilość opcji, od tradycyjnych szkoleń w klasie po kursy online, warsztaty, seminaria i nie tylko. Kluczem jest dobranie odpowiedniego formatu i sposobu dostarczenia do potrzeb i preferencji Twojego zespołu. Niektórzy członkowie zespołu mogą preferować samodzielne kursy online, podczas gdy inni mogą rozwijać się w bardziej zorganizowanym środowisku zajęć. Pamiętaj, aby oferować różnorodne opcje, aby dostosować się do różnych stylów i preferencji uczenia się.

Jednak szkolenia i rozwój to nie tylko formalne programy — to także tworzenie kultury uczenia się i rozwoju w zespole. Zachęcaj członków swojego zespołu, aby przejęli odpowiedzialność za swój własny rozwój i zapewnij im możliwości realizowania swoich zainteresowań i pasji poza pracą. Niezależnie od tego, czy chodzi o udział w konferencjach branżowych, dołączenie do stowarzyszeń zawodowych, czy udział w wydarzeniach społecznych, kluczem jest wspieranie nastawienia opartego na ciekawości i uczeniu się przez całe życie.

Oczywiście szkolenia i rozwój nie są jednorazowym wydarzeniem — to ciągły proces, który wymaga ciągłej uwagi i inwestycji. Oznacza to regularne przeglądanie i aktualizowanie programów szkoleń i rozwoju, aby mieć pewność, że pozostają one istotne i skuteczne. Oznacza to również zapewnienie możliwości przekazywania informacji zwrotnych i oceny, dzięki czemu można śledzić postępy swojego zespołu i wprowadzać zmiany w razie potrzeby.

W porządku, porozmawiajmy o roli przywództwa w szkoleniu i rozwoju. Jako menedżer masz wyjątkową okazję – i obowiązek – wspierać i zachęcać członków swojego zespołu do wzrostu i rozwoju. Oznacza to dawanie przykładu, nadawanie priorytetu szkoleniom i rozwojowi w zespole oraz zapewnianie zasobów i wsparcia potrzebnego do osiągnięcia sukcesu. Oznacza to także bycie mentorem i coachem, oferującym wskazówki, informacje zwrotne i zachętę.

Jednak szkolenie i rozwój to nie tylko obowiązek liderów – to obowiązek każdego z nas. Każdy z nas ma rolę do odegrania w tworzeniu kultury uczenia się i rozwoju w naszych zespołach. Niezależnie od tego, czy chodzi o dzielenie się wiedzą i doświadczeniem, oferowanie wsparcia i zachęty, czy po prostu bycie doradcą dla nowych pomysłów, wszyscy mamy moc, aby coś zmienić.

Dobra, zakończmy to. Szkolenia i rozwój są niezbędnymi składnikami budowania silnego, odnoszącego sukcesy zespołu. Inwestując we wzrost i rozwój swojego zespołu, możesz umożliwić mu wykorzystanie pełnego potencjału, stymulowanie innowacji i osiągnięcie większego sukcesu. Zakaszmy więc rękawy, zabierzmy się do pracy i stwórzmy kulturę uczenia się i rozwoju, która umożliwi każdemu osiągnięcie sukcesu. Kształtowanie przyszłości należy do nas.

Zarządzanie wydajnością: maksymalizacja potencjału, osiąganie wyników i wspieranie wzrostu

W porządku, przyjrzyjmy się jednemu z najważniejszych aspektów bycia menedżerem — zarządzaniu wynikami. W dynamicznym i konkurencyjnym świecie posiadanie systemów i procesów umożliwiających ocenę i poprawę wydajności członków zespołu jest niezbędne. Więc weź swój notatnik i długopis, ponieważ zaraz poznamy tajniki zarządzania wydajnością w miejscu pracy.

Najpierw zdefiniujmy nasze warunki. Kiedy mówimy o zarządzaniu wynikami, mamy na myśli coś więcej niż tylko roczne przeglądy i oceny. Zarządzanie wynikami to holistyczny proces, który obejmuje wszystko, od wyznaczania celów i oczekiwań, poprzez zapewnianie informacji zwrotnej, coaching i wsparcie, aż po rozpoznawanie i nagradzanie osiągnięć. Innymi słowy, chodzi o pomoc członkom zespołu w maksymalizacji ich potencjału, osiąganiu wyników oraz wspieraniu wzrostu i rozwoju.

W porządku, skoro już ustaliliśmy, czym jest zarządzanie wynikami, porozmawiajmy o tym, dlaczego jest ono ważne. Skuteczne zarządzanie wynikami jest istotne z kilku powodów. Po pierwsze, pomaga zapewnić, że członkowie Twojego zespołu są zgodni z celami i zadaniami organizacji. Ustalając jasne oczekiwania i cele, możesz pomóc członkom zespołu zrozumieć, czego się od nich oczekuje i jak ich praca przyczynia się do ogólnego sukcesu zespołu i firmy.

Jednak zarządzanie wynikami nie polega tylko na pociąganiu członków zespołu do odpowiedzialności – ale także na umożliwieniu im osiągnięcia sukcesu. Zapewniając regularne informacje zwrotne, coaching i wsparcie, możesz pomóc członkom zespołu zidentyfikować obszary wymagające poprawy, wykorzystać ich mocne strony i osiągnąć swoje cele. Innymi słowy, zarządzanie wydajnością polega na zapewnieniu członkom zespołu narzędzi i wsparcia, których potrzebują, aby mogli odnieść sukces.

Jednym z pierwszych kroków skutecznego zarządzania wynikami jest ustalenie jasnych, mierzalnych celów i oczekiwań. Zapewnia to plan działania, którym powinni podążać członkowie zespołu, i daje im jasne wyczucie kierunku. Pamiętaj, aby zaangażować członków swojego zespołu w proces wyznaczania celów i upewnić się, że cele są SMART – konkretne, mierzalne, osiągalne, istotne i określone w czasie. Pomoże to upewnić się, że członkowie Twojego zespołu są zmotywowani i zaangażowani oraz że dobrze rozumieją, czego się od nich oczekuje.

Ale określenie celów to dopiero początek. Skuteczne zarządzanie wynikami wymaga również regularnej informacji zwrotnej i coachingu. Pamiętaj, aby w odpowiednim czasie przekazywać członkom zespołu konkretne informacje zwrotne na temat ich wyników, zarówno pozytywne, jak i konstruktywne. Pomaga im to zrozumieć, co robią dobrze i gdzie mogą się poprawić, a także pokazuje, że inwestujesz w ich sukces. Pamiętaj, aby zaplanować regularne spotkania z członkami zespołu, aby omówić ich postępy, rozwiać wszelkie wątpliwości i wyzwania, przed którymi mogą stanąć, a także w razie potrzeby zapewnić wskazówki i wsparcie.

Oczywiście zarządzanie wynikami nie polega tylko na patrzeniu wstecz, ale także na patrzenie w przyszłość. Pamiętaj, aby zapewnić członkom swojego zespołu możliwości wzrostu i rozwoju, niezależnie od tego, czy będą to dodatkowe szkolenia i edukacja, dodatkowe zadania czy możliwości awansu. Inwestując we wzrost i rozwój członków swojego zespołu, nie tylko pomagasz im w osiągnięciu pełnego potencjału, ale także wzmacniasz swój zespół i organizację jako całość.

W porządku, porozmawiajmy o roli uznania i nagród w zarządzaniu wynikami. Uznawanie i nagradzanie osiągnięć członków zespołu jest niezbędne do budowania morale, motywacji i zaangażowania. Pamiętaj, aby świętować sukcesy członków swojego zespołu, zarówno duże, jak i małe, i pokaż im, że doceniana jest ich ciężka praca i poświęcenie. Niezależnie od tego, czy jest to zwykłe podziękowanie, pochwała na spotkaniu zespołu, czy też bardziej namacalna nagroda, taka jak premia lub awans, kluczem jest upewnienie się, że członkowie zespołu wiedzą, że ich wysiłki nie pozostały niezauważone.

Jednak zarządzanie wynikami nie jest wyłącznie obowiązkiem menedżerów — jest to obowiązek każdego z nas. Każdy z nas ma rolę do odegrania w tworzeniu kultury odpowiedzialności, informacji zwrotnej i rozwoju w naszych zespołach. Niezależnie od tego, czy chodzi o wyznaczanie jasnych celów i oczekiwań, regularne przekazywanie informacji zwrotnych i wsparcia, czy też docenianie i nagradzanie osiągnięć, wszyscy mamy moc, aby coś zmienić.

Dobra, zakończmy to. Zarządzanie wynikami jest niezbędne do maksymalizacji potencjału, osiągania wyników oraz wspierania wzrostu i rozwoju zespołu. Wyznaczając jasne cele i oczekiwania, regularnie udzielając informacji zwrotnych i coachingu oraz doceniając i nagradzając osiągnięcia, możesz pomóc członkom swojego zespołu odnieść sukces i prosperować. Zakaszmy więc rękawy, zabierzmy się do pracy i stwórzmy kulturę odpowiedzialności, informacji zwrotnej i rozwoju, która umożliwi każdemu osiągnięcie pełnego potencjału. Przyszłość jest jasna!

Motywacja i zaangażowanie: rozpalanie pasji, wzmacnianie zaangażowania i osiąganie sukcesu

W porządku, przejdźmy do jednego z najważniejszych aspektów zarządzania zespołem – motywacji i zaangażowania. W dzisiejszym dynamicznym świecie, w którym panuje mnóstwo rozrywek, a wymagania są wysokie, ważne jest, aby utrzymać motywację i zaangażowanie członków zespołu, aby osiągnąć sukces. Zakaszmy więc rękawy i przyjrzyjmy się tajnikom motywowania i angażowania zespołu.

Najpierw zdefiniujmy nasze warunki. Kiedy mówimy o motywacji, mamy na myśli coś więcej niż tylko zachęty i nagrody. Motywacja polega na wykorzystaniu wewnętrznych popędów i pasji członków zespołu w celu zainspirowania ich, aby dali z siebie wszystko i dołożyli wszelkich starań. Chodzi o stworzenie środowiska, w którym członkowie zespołu czują się wzmocnieni, cenieni i podekscytowani przychodzeniem do pracy każdego dnia.

Jednak sama motywacja nie wystarczy – potrzebne jest także zaangażowanie. Zaangażowanie to coś więcej niż tylko pojawienie się i wykonanie czynności. Chodzi o pełną obecność, zaangażowanie emocjonalne i zaangażowanie w sukces swojego zespołu i organizacji. Chodzi o poczucie celu i przynależności oraz odnalezienie sensu i spełnienia w swojej pracy.

W porządku, skoro zdefiniowaliśmy nasze terminy, porozmawiajmy o tym, dlaczego motywacja i zaangażowanie są tak ważne. Po pierwsze, zmotywowani i zaangażowani pracownicy są bardziej produktywni, bardziej innowacyjni i odporniejsi na wyzwania. Są też bardziej skłonni do pozostania w firmie na dłużej i przyczynić się do jej sukcesu. Innymi słowy, motywacja i zaangażowanie to nie tylko rzeczy, które warto mieć – to niezbędne składniki sukcesu i osiągania celów.

Jak zatem motywować i angażować swój zespół? Wszystko zaczyna się od zrozumienia, co motywuje członków Twojego zespołu. Każdego motywują inne rzeczy — niektórymi może kierować poczucie celu i znaczenia, podczas gdy innych może motywować uznanie, nagrody lub możliwości rozwoju i awansu. Poświęć trochę czasu, aby poznać członków swojego zespołu na poziomie osobistym i dowiedzieć się, co ich motywuje i co ich pasjonuje.

Kiedy już zidentyfikujesz, co motywuje członków Twojego zespołu, nadszedł czas, aby wykorzystać te wewnętrzne motywacje i pasje. Może to obejmować wyznaczanie ambitnych celów, które rozciągają umiejętności członków zespołu i wypychają ich ze strefy komfortu. Może to obejmować zapewnienie możliwości autonomii i wzmocnienia pozycji, umożliwienie członkom zespołu przejęcia odpowiedzialności za swoją pracę i niezależnego podejmowania decyzji. Może to obejmować docenianie i świętowanie osiągnięć, zarówno dużych, jak i małych, a także pokazanie członkom zespołu, że ich ciężka praca i poświęcenie nie pozostały niezauważone.

Jednak motywacja i zaangażowanie nie zależą tylko od tego, co robisz, ale także od tego, jak to robisz. Tworzenie pozytywnego środowiska pracy, w którym członkowie zespołu czują się doceniani, szanowani i wspierani, jest niezbędne do wspierania motywacji i zaangażowania. Może to obejmować promowanie równowagi między życiem zawodowym a prywatnym, zapewnianie możliwości rozwoju zawodowego i wzrostu oraz wspieranie kultury otwartości, zaufania i współpracy. Chodzi o stworzenie poczucia przynależności i koleżeństwa, w którym każdy czuje się częścią czegoś większego niż on sam.

Oczywiście motywacja i zaangażowanie nie są sprawą jednorazową — to ciągły proces, który wymaga ciągłej uwagi i inwestycji. Oznacza to regularne odwiedzanie członków zespołu, aby zobaczyć, jak sobie radzą, oferowanie wsparcia i zachęty w razie potrzeby oraz chęć słuchania ich obaw i pomysłów. Oznacza to także otwartość na opinie i chęć wprowadzenia niezbędnych zmian, aby utrzymać motywację i zaangażowanie członków zespołu.

W porządku, porozmawiajmy o roli przywództwa w motywowaniu i angażowaniu zespołu. Jako menedżer masz wyjątkową okazję – i obowiązek – inspirować i wzmacniać członków swojego zespołu, aby wykonywali najlepszą pracę. Oznacza to dawanie przykładu, okazywanie pasji i entuzjazmu w pracy oraz pokazywanie członkom zespołu, że wierzysz w nich i ich umiejętności. Oznacza to także zapewnianie możliwości wzrostu i rozwoju, oferowanie wsparcia i zachęty oraz tworzenie pozytywnego środowiska pracy, w którym członkowie zespołu czują się cenieni, szanowani i uprawnieni do osiągnięcia sukcesu.

Jednak motywowanie i angażowanie zespołu to nie tylko obowiązek liderów — to obowiązek każdego z nas. Każdy z nas ma rolę do odegrania w tworzeniu kultury motywacji i zaangażowania w naszych zespołach. Niezależnie od tego, czy chodzi o docenianie i świętowanie osiągnięć, oferowanie wsparcia i zachęty, czy po prostu bycie pozytywną i wspierającą obecnością, wszyscy mamy moc, aby coś zmienić.

Dobra, zakończmy to. Motywacja i zaangażowanie są niezbędnymi składnikami zapewniającymi sukces i osiąganie celów. Wykorzystując wewnętrzne motywacje i pasje członków zespołu, tworząc pozytywne środowisko pracy, w którym czują się doceniani i wspierani, a także zapewniając możliwości wzrostu i rozwoju, możesz pomóc członkom zespołu w osiągnięciu pełnego potencjału i osiągnięciu wielkich rzeczy. Zakaszmy więc rękawy, zabierzmy się do pracy i stwórzmy kulturę motywacji i zaangażowania, która umożliwi każdemu osiągnięcie sukcesu. Przyszłość jest jasna!

Style przywództwa: nawigacja ścieżką do sukcesu

W porządku, przyjrzyjmy się jednemu z najbardziej fascynujących aspektów przywództwa – stylom przywództwa. Tak jak istnieje wiele ścieżek do sukcesu, istnieje również wiele stylów przywództwa, z których każdy ma swoje mocne i słabe strony oraz unikalne podejście. Chwyćmy zatem za kompas i zbadajmy różne style przywództwa, które mogą pomóc nam poprowadzić nas na ścieżkę sukcesu.

Najpierw zdefiniujmy nasze warunki. Kiedy mówimy o stylach przywództwa, mamy na myśli sposób, w jaki lider podchodzi do swojej roli i wchodzi w interakcję z członkami zespołu. Istnieje niezliczona ilość stylów przywództwa, ale ogólnie można je pogrupować w kilka ogólnych kategorii w oparciu o takie czynniki, jak komunikacja, podejmowanie decyzji i budowanie relacji.

Jednym z najpowszechniejszych stylów przywództwa jest przywództwo autokratyczne. Liderzy autokratyczni mają tendencję do podejmowania decyzji niezależnie, bez zwracania się o pomoc do członków zespołu. Zazwyczaj mają jasną wizję i kierunek dla zespołu i oczekują, że członkowie zespołu będą podążać za ich przykładem. Chociaż przywództwo autokratyczne może być skuteczne w pewnych sytuacjach, na przykład w czasach kryzysu lub gdy należy podjąć szybkie decyzje, może również działać demotywująco i pozbawiać mocy członków zespołu, którzy czują się wykluczeni z procesu decyzyjnego.

Na drugim końcu spektrum mamy demokratyczne przywództwo. Liderzy Demokratów cenią wkład i uczestnictwo członków swoich zespołów i starają się angażować ich w proces decyzyjny. Zachęcają do otwartej komunikacji, współpracy i budowania konsensusu, a także umożliwiają członkom zespołu przejmowanie odpowiedzialności za swoją pracę. Chociaż przywództwo demokratyczne może prowadzić do większego poparcia i zaangażowania członków zespołu, może być również czasochłonne i mniej skuteczne w sytuacjach, w których należy podejmować szybkie decyzje.

Gdzieś pomiędzy przywództwem autokratycznym i demokratycznym leży przywództwo leseferystyczne. Liderzy leseferystyczni do przywództwa podchodzą bez użycia rąk, dając członkom swojego zespołu wysoki stopień autonomii i swobodę samodzielnego podejmowania decyzji. W razie potrzeby zapewniają wskazówki i wsparcie, ale generalnie ufają członkom swojego zespołu, że potrafią samodzielnie zarządzać swoją pracą i rozwiązywać problemy. Chociaż przywództwo leseferystyczne może wzmacniać zmotywowanych i niezależnych członków zespołu, może również prowadzić do zamieszania i braku kierunku w przypadku braku jasnych wskazówek i wsparcia ze strony lidera.

Innym powszechnym stylem przywództwa jest przywództwo transformacyjne. Liderzy transformacyjni inspirują i motywują członków swoich zespołów do osiągnięcia doskonałości, rzucając im wyzwanie do nieszablonowego myślenia i wykorzystania pełnego potencjału. Dają przykład, wykazując pasję, entuzjazm i jasne poczucie celu, a także zachęcają członków swojego zespołu, aby robili to samo. Chociaż przywództwo transformacyjne może być bardzo skuteczne w napędzaniu innowacji i osiąganiu ambitnych celów, może być również wymagające i intensywne, wymagające wysokiego poziomu energii i zaangażowania zarówno ze strony lidera, jak i członków jego zespołu.

Wreszcie mamy przywództwo służebne. Liderzy służebni przedkładają potrzeby członków swoich zespołów nad własne, koncentrując się na służeniu im i wspieraniu ich, a nie na potwierdzaniu ich autorytetu lub szukaniu osobistej chwały. Kierują ludźmi, kierując się empatią, pokorą i współczuciem, a także starają się stworzyć w swoich zespołach kulturę zaufania, szacunku i współpracy. Chociaż przywództwo służebne może być bardzo skuteczne w budowaniu silnych, spójnych zespołów i wspieraniu kultury odpowiedzialności i wzajemnego wsparcia, może być również trudne dla liderów, którzy mają trudności z zrównoważeniem potrzeb członków swoich zespołów z wymaganiami organizacji.

W porządku, porozmawiajmy o roli zdolności adaptacyjnych w przywództwie. Chociaż każdy z tych stylów przywództwa ma swoje mocne i słabe strony, najskuteczniejsi przywódcy to ci, którzy potrafią dostosować swój styl do potrzeb sytuacji i osób, którymi przewodzą. Może to obejmować bycie bardziej dyrektywnym i zdecydowanym w czasach kryzysu, większą współpracę i włączanie, gdy oczekuje się wkładu i poparcia od członków zespołu, lub większe wsparcie i empatię podczas coachingu i rozwoju członków zespołu. Kluczem jest elastyczność i otwartość oraz chęć dostosowania swojego podejścia w razie potrzeby, aby osiągnąć najlepsze możliwe wyniki.

Oczywiście w przywództwie nie chodzi tylko o styl, ale także o treść. Niezależnie od tego, jaki styl przywództwa preferujesz, najskuteczniejsi liderzy to ci, którzy przewodzą w sposób uczciwy, autentyczny i autentyczny, pragnąc służyć i wspierać członków swojego zespołu. Potrafią inspirować i motywować innych, budować zaufanie i relacje oraz tworzyć wspólne poczucie celu i wizji, które napędzają ich zespół do sukcesu.

Dobra, zakończmy to. Style przywództwa są tak różnorodne, jak różnorodne są osoby je praktykujące. Rozumiejąc mocne i słabe strony różnych stylów przywództwa oraz będąc gotowym dostosować swoje podejście do potrzeb sytuacji i osób, którymi przewodzisz, możesz stać się bardziej skutecznym i wpływowym liderem. Przyjmijmy więc różnorodność stylów przywództwa, doskonalmy nasze umiejętności i kontynuujmy rozwój i ewolucję na naszej drodze do sukcesu. Kształtowanie przyszłości należy do nas.

Inteligencja emocjonalna: klucz do skutecznego przywództwa i rozwoju osobistego

W porządku, zagłębmy się w jeden z najważniejszych, choć często pomijanych aspektów przywództwa – inteligencję emocjonalną. W świecie, w którym wysoko ceni się umiejętności techniczne i wiedzę specjalistyczną, łatwo zapomnieć o znaczeniu inteligencji emocjonalnej w osiąganiu sukcesu zarówno osobistego, jak i zawodowego. Zakaszmy więc rękawy i zbadajmy głęboki wpływ, jaki inteligencja emocjonalna może mieć na przywództwo i rozwój osobisty.

Najpierw zdefiniujmy nasze warunki. Inteligencja emocjonalna, często w skrócie EQ, odnosi się do zdolności rozpoznawania, rozumienia i zarządzania własnymi emocjami, a także emocjami innych. Obejmuje szereg umiejętności, w tym samoświadomość, samoregulację, empatię i umiejętności społeczne, z których wszystkie odgrywają kluczową rolę w skutecznym przywództwie i relacjach międzyludzkich.

Dlaczego więc inteligencja emocjonalna jest tak ważna? Po pierwsze, jest to niezbędne do budowania silnych, pełnych zaufania relacji z innymi. Liderzy, którzy posiadają wysoki poziom inteligencji emocjonalnej, są w stanie lepiej nawiązywać kontakt z członkami zespołu, rozumieć ich potrzeby i obawy oraz budować relacje i zaufanie. To z kolei prowadzi do większego zaangażowania, współpracy i zaangażowania ze strony członków zespołu, co ostatecznie przekłada się na lepszą wydajność i wyniki.

Ale inteligencja emocjonalna nie polega tylko na budowaniu relacji, ale także na samoświadomości i samoregulacji. Liderzy, którzy posiadają wysoki poziom inteligencji emocjonalnej, są w stanie lepiej zrozumieć własne emocje, mocne i słabe strony oraz skutecznie nimi zarządzać. Potrafią zachować spokój i opanowanie w sytuacjach pod presją, podejmować racjonalne decyzje w oparciu o logikę, a nie emocje, i szybko podnosić się po niepowodzeniach i porażkach.

Jednym z kluczowych elementów inteligencji emocjonalnej jest empatia – zdolność rozumienia i dzielenia się uczuciami innych. Liderzy, którzy posiadają wysoki poziom empatii, potrafią lepiej postawić się w sytuacji członków swojego zespołu, zrozumieć ich perspektywy i obawy oraz reagować ze współczuciem i zrozumieniem. Tworzy to wspierające i włączające środowisko pracy, w którym każdy czuje się ceniony, szanowany i słyszany.

Kolejnym ważnym aspektem inteligencji emocjonalnej są umiejętności społeczne – umiejętność poruszania się w sytuacjach społecznych i budowania pozytywnych relacji z innymi. Liderzy posiadający wysoki poziom umiejętności społecznych są skutecznymi komunikatorami, potrafią wyrażać się jasno i pewnie oraz aktywnie słuchać innych. Potrafią rozwiązywać konflikty i prowadzić trudne rozmowy, a także wiedzą, jak motywować i inspirować członków swojego zespołu, aby osiągali swoje cele.

W porządku, porozmawiajmy o roli inteligencji emocjonalnej w przywództwie. Chociaż umiejętności techniczne i wiedza specjalistyczna są z pewnością ważne dla odniesienia sukcesu na stanowiskach kierowniczych, inteligencja emocjonalna jest równie – jeśli nie bardziej – ważna. Liderzy, którzy posiadają wysoki poziom inteligencji emocjonalnej, są w stanie lepiej inspirować i motywować członków swoich zespołów, budować silne, spójne zespoły i radzić sobie ze złożonością relacji międzyludzkich. Potrafią przystosować się do zmian, radzić sobie z przeciwnościami losu i przewodzić z empatią, uczciwością i autentycznością.

Ale inteligencja emocjonalna jest ważna nie tylko dla liderów — jest ważna dla każdego. Niezależnie od tego, czy jesteś menedżerem, członkiem zespołu, czy indywidualnym współpracownikiem, posiadanie wysokiego poziomu inteligencji emocjonalnej może pomóc

Ci odnieść sukces we wszystkich obszarach życia. Może pomóc Ci budować silne, wspierające relacje z innymi, stawiać czoła wyzwaniom i niepowodzeniom z wdziękiem i odpornością oraz osiągać swoje cele z pewnością siebie i determinacją.

Dobra, zakończmy to. Inteligencja emocjonalna to potężne narzędzie umożliwiające osiągnięcie sukcesu zarówno osobistego, jak i zawodowego. Rozwijając naszą samoświadomość, samoregulację, empatię i umiejętności społeczne, możemy stać się skuteczniejszymi liderami, budować silniejsze relacje z innymi i osiągać większy sukces we wszystkich obszarach naszego życia. Wykorzystajmy zatem siłę inteligencji emocjonalnej, doskonalmy nasze umiejętności i kontynuujmy rozwój i ewolucję w drodze do sukcesu. Przyszłość jest jasna!

Delegowanie: wzmacnianie pozycji innych, maksymalizacja wydajności i osiąganie sukcesu

W porządku, przyjrzyjmy się jednej z najważniejszych umiejętności skutecznego przywództwa — delegowaniu. W dzisiejszym dynamicznym i złożonym świecie żaden lider nie jest w stanie zrobić tego sam. Delegowanie jest kluczem do wzmocnienia pozycji członków zespołu, maksymalizacji wydajności i osiągnięcia sukcesu. Zakaszmy więc rękawy i przyjrzyjmy się tajnikom delegowania zadań, począwszy od tego, dlaczego jest ono ważne, a skończywszy na tym, jak robić to skutecznie.

Najpierw zdefiniujmy nasze warunki. Delegowanie to proces powierzania zadań, obowiązków i uprawnień innym osobom. Chodzi o umożliwienie członkom zespołu przejęcia odpowiedzialności za swoją pracę, niezależnego podejmowania decyzji i przyczyniania się do sukcesu zespołu i organizacji. Ale delegowanie nie polega tylko na przerzucaniu zadań – to także przygotowanie członków zespołu do osiągnięcia sukcesu, zapewnianie wsparcia i wskazówek, gdy zajdzie taka potrzeba, a ostatecznie wspólne osiąganie lepszych wyników, niż byłoby to możliwe w pojedynkę.

Dlaczego więc delegowanie jest tak ważne? Po pierwsze, jest to niezbędne do maksymalizacji wydajności i produktywności. Jako lider masz ograniczone zasoby czasu i energii i po prostu nie możesz tego wszystkiego zrobić sam. Delegowanie pozwala skoncentrować się na zadaniach o wysokim priorytecie i inicjatywach strategicznych, jednocześnie umożliwiając członkom zespołu zajmowanie się codziennymi obowiązkami i szczegółami. Dzięki temu nie tylko zaoszczędzisz czas i energię, ale także umożliwisz członkom zespołu rozwijanie nowych umiejętności, zdobywanie cennego doświadczenia i rozwój zawodowy.

Ale delegowanie to coś więcej niż tylko efektywność — to także budowanie zaufania i wzmacnianie pozycji członków zespołu. Delegując zadania i obowiązki członkom zespołu, wysyłasz im mocny sygnał, że im ufasz i wierzysz w ich możliwości. To z kolei zwiększa ich pewność siebie i morale, sprzyja poczuciu odpowiedzialności i odpowiedzialności, a ostatecznie prowadzi do większego zaangażowania, zaangażowania i lojalności członków zespołu.

W porządku, skoro już ustaliliśmy, dlaczego delegowanie jest ważne, porozmawiajmy o tym, jak to zrobić skutecznie. Skuteczne delegowanie zaczyna się od zrozumienia mocnych i słabych stron oraz możliwości członków zespołu. Poświęć trochę czasu na ocenę ich umiejętności, wiedzy i doświadczenia oraz określenie zadań i obowiązków, które są zgodne z ich zdolnościami i zainteresowaniami. Pamiętaj, aby podać jasne instrukcje i oczekiwania oraz otwarcie i przejrzyście komunikować się o terminach, priorytetach i celach.

Jednak skuteczne delegowanie to coś więcej niż tylko przekazywanie zadań — to także zapewnianie wsparcia i wskazówek po drodze. Bądź dostępny, aby odpowiadać na pytania, przekazywać opinie i oferować pomoc w razie potrzeby. Zachęcaj członków swojego zespołu, aby przejmowali odpowiedzialność za swoją pracę, samodzielnie podejmowali decyzje i twórczo rozwiązywali problemy. I pamiętaj, aby doceniać i świętować ich osiągnięcia, zarówno duże, jak i małe, aby pokazać im, że ich wysiłki nie pozostały niezauważone.

Oczywiście skuteczne delegowanie wymaga również zaufania – zarówno do siebie, jak i do członków zespołu. Zaufaj sobie i odpuść sobie kontrolę i pozwól członkom swojego zespołu przejąć stery. Zaufaj członkom swojego zespołu, aby stanęli na wysokości zadania i osiągnęli wyniki. A jeśli po drodze zdarzy się błąd – a to nieuniknione – zaufaj sobie i członkom swojego zespołu, że nauczycie się na nich, rozwiniecie i udoskonalicie.

Ale co z mikrozarządzaniem, możesz zapytać? Cóż, skuteczne delegowanie jest antidotum na mikrozarządzanie. Delegując zadania i obowiązki członkom zespołu, dajesz im swobodę i autonomię, aby mogli wykonywać swoją pracę najlepiej, jak potrafią, bez ciągłego nadzoru i ingerencji. To nie tylko sprzyja kulturze zaufania i wzmacniania pozycji, ale także pozwala skoncentrować się na priorytetach wyższego szczebla i inicjatywach strategicznych.

No dobrze, porozmawiajmy o korzyściach płynących z delegowania zadań. Skuteczne delegowanie może prowadzić do szerokiego zakresu korzyści zarówno dla Ciebie, jak i członków Twojego zespołu. Uwalnia Twój czas i energię, dzięki czemu możesz skupić się na zadaniach o wysokim priorytecie i inicjatywach strategicznych. Umożliwia członkom zespołu przejęcie odpowiedzialności za swoją pracę, rozwijanie nowych umiejętności i rozwój zawodowy. Buduje zaufanie, morale i zaangażowanie w zespole. Ostatecznie prowadzi to do lepszych wyników i większego sukcesu zespołu i organizacji jako całości.

Oczywiście delegowanie nie zawsze jest łatwe. Wymaga to chęci odpuszczenia kontroli, zaufania do siebie i członków zespołu oraz zaangażowania w zapewnianie wsparcia i wskazówek po drodze. Ale dzięki praktyce i wytrwałości możesz opanować sztukę delegowania i uwolnić jej pełny potencjał, aby wzmocnić pozycję członków zespołu, zmaksymalizować wydajność i osiągnąć sukces. Zakaszmy więc rękawy, bierzmy się do pracy i zacznijmy delegować jak profesjonaliści. Przyszłość należy do nas.

Zarządzanie czasem: opanowanie sztuki produktywności, równowagi i sukcesu

W porządku, przyjrzyjmy się jednej z najważniejszych umiejętności potrzebnych do poruszania się w dynamicznym i wymagającym świecie, w którym żyjemy — zarządzaniu czasem. W dzisiejszym świecie, gdzie jest mnóstwo rozproszeń, a wymagania są wysokie, efektywne zarządzanie czasem jest kluczem do opanowania produktywności, znalezienia równowagi i osiągnięcia sukcesu. Zakaszmy więc rękawy i przyjrzyjmy się tajnikom zarządzania czasem – od tego, dlaczego jest to ważne, po jak robić to skutecznie.

Najpierw zdefiniujmy nasze warunki. Zarządzanie czasem to proces planowania, organizowania i kontrolowania sposobu spędzania czasu, aby zmaksymalizować produktywność i osiągnąć swoje cele. Chodzi o ustalenie priorytetów, maksymalne wykorzystanie czasu i znalezienie równowagi między pracą, życiem osobistym i innymi obowiązkami. Jednak zarządzanie czasem nie polega tylko na byciu zajętym – to także bycie produktywnym i osiąganie znaczących wyników.

Dlaczego więc zarządzanie czasem jest tak ważne? Po pierwsze, jest to niezbędne do maksymalizacji produktywności. W świecie, w którym doba nigdy nie jest wystarczająca, efektywne zarządzanie czasem pozwala maksymalnie wykorzystać swój czas i osiągnąć więcej w krótszym czasie. Ustalając priorytety, pozostając skupionym i minimalizując czynniki rozpraszające, możesz zająć się najważniejszymi zadaniami i efektywniej osiągać swoje cele.

Jednak zarządzanie czasem to coś więcej niż tylko produktywność — to także znalezienie równowagi. W dzisiejszym dynamicznym świecie łatwo jest czuć się przytłoczonym i wypalonym ciągłym zapotrzebowaniem na nasz czas i energię. Efektywne zarządzanie czasem pozwala stworzyć przestrzeń na to, co najważniejsze –

niezależnie od tego, czy jest to spędzanie czasu z bliskimi, realizowanie hobby i zainteresowań, czy po prostu dbanie o siebie. Wyznaczając granice, efektywnie zarządzając swoim czasem i znajdując czas na rzeczy, które przynoszą Ci radość i spełnienie, możesz osiągnąć większe poczucie równowagi i dobrego samopoczucia w swoim życiu.

W porządku, skoro już ustaliliśmy, dlaczego zarządzanie czasem jest ważne, porozmawiajmy o tym, jak robić to skutecznie. Efektywne zarządzanie czasem zaczyna się od ustalenia jasnych celów i priorytetów. Poświęć trochę czasu na zidentyfikowanie swoich najważniejszych celów i zadań, zarówno krótko-, jak i długoterminowych, oraz nadaj im priorytety na podstawie ich ważności i pilności. Pomoże Ci to skoncentrować swój czas i energię na rzeczach, które są najważniejsze i uniknąć ugrzęźnięcia w mniej ważnych zadaniach i rozproszeniach.

Kiedy już ustalisz priorytety, czas stworzyć plan. Podziel swoje cele na mniejsze, łatwiejsze do wykonania zadania i utwórz harmonogram lub listę rzeczy do zrobienia, które pomogą Ci utrzymać się na właściwej drodze. Realistycznie oceniaj, ile masz czasu i ile czasu zajmą zadania, i pamiętaj o uwzględnieniu przerw i odpoczynku. Pamiętaj, że ważne jest, aby zachować tempo i unikać przeciążania harmonogramu, ponieważ na dłuższą metę może to prowadzić do wypalenia zawodowego i zmniejszenia produktywności.

Jednak skuteczne zarządzanie czasem to nie tylko planowanie – to także realizacja. Zachowaj koncentrację i dyscyplinę oraz oprzyj się pokusie odwlekania lub rozpraszania się mniej ważnymi zadaniami. Jeśli zauważysz, że zboczyłeś z właściwej ścieżki, poświęć chwilę na ponowne skupienie się i przypomnienie sobie o swoich priorytetach. Korzystaj z narzędzi i technik, takich jak technika Pomodoro, blokowanie czasu lub matryca Eisenhowera, które pomogą Ci zachować porządek i produktywność.

Oczywiście efektywne zarządzanie czasem wymaga także samoświadomości i samoregulacji. Zwróć uwagę na swój poziom energii i nawyki pracy oraz odpowiednio dostosuj swój harmonogram i rutynę. Bądź gotowy powiedzieć „nie" zadaniom i zobowiązaniom, które nie są zgodne z Twoimi priorytetami lub wartościami, i bądź proaktywny w wyznaczaniu granic i ochronie swojego czasu. I pamiętaj, żeby o siebie dbać — wysypiaj się, dobrze odżywiaj, regularnie ćwicz i znajdź czas na relaks i samoopiekę.

No dobrze, porozmawiajmy o korzyściach płynących z efektywnego zarządzania czasem. Skuteczne zarządzanie czasem może prowadzić do szeregu korzyści zarówno w życiu osobistym, jak i zawodowym. Pozwala osiągnąć więcej w krótszym czasie, zmniejszyć stres i przytłoczenie oraz osiągnąć większe poczucie równowagi i dobrego samopoczucia. Pomaga Ci osiągać postępy w kierunku swoich celów i realizować swój potencjał, zarówno osobisty, jak i zawodowy. Ostatecznie prowadzi to do większego sukcesu i spełnienia we wszystkich obszarach życia.

Oczywiście zarządzanie czasem nie jest rozwiązaniem uniwersalnym — jest to podróż polegająca na odkrywaniu samego siebie i ciągłym doskonaleniu. Opanowanie tego wymaga praktyki, cierpliwości i wytrwałości, ale nagrody są warte wysiłku. Zakaszmy więc rękawy, weźmy się do pracy i zacznijmy doskonalić sztukę zarządzania czasem. Przyszłość należy do nas.

Zarządzanie zmianą: poruszanie się po wiatrach transformacji z odpornością i zdolnością adaptacji

W porządku, wyruszmy w podróż do jednego z najtrudniejszych, ale nieuniknionych aspektów życia i biznesu — zarządzania zmianami. W dzisiejszym dynamicznym i stale ewoluującym świecie zmiany są ciągłe, a nasza umiejętność radzenia sobie z nimi w sposób odporny i adaptacyjny jest niezbędna do osiągnięcia sukcesu. Zakaszmy więc rękawy i przyjrzyjmy się tajnikom zarządzania zmianami – od tego, dlaczego jest to ważne, po jak to zrobić skutecznie.

Najpierw zdefiniujmy nasze warunki. Zarządzanie zmianą to proces prowadzenia jednostek, zespołów i organizacji przez przejścia, transformacje i wstrząsy. Chodzi o pomoc ludziom w zrozumieniu, dlaczego zmiany są konieczne, dostosowaniu się do nowych sposobów myślenia i pracy oraz wykorzystaniu możliwości, jakie mogą przynieść zmiany. Jednak zarządzanie zmianą nie polega tylko na reagowaniu na siły zewnętrzne – to także proaktywne kształtowanie i wprowadzanie zmian w celu osiągnięcia pożądanych wyników i celów.

Dlaczego zatem zarządzanie zmianą jest tak ważne? Cóż, po pierwsze, zmiany są nieuniknione. W dzisiejszym szybko rozwijającym się świecie organizacje muszą stale dostosowywać się i wprowadzać innowacje, aby wyprzedzić konkurencję i zachować konkurencyjność. Niezależnie od tego, czy chodzi o postęp technologiczny, zmiany na rynku, zmiany przepisów czy zakłócenia w branży, organizacje, które nie dostosują się do zmian, ryzykują pozostaniem w tyle. Efektywne zarządzanie zmianami pozwala organizacjom przewidywać zmiany, reagować na nie i czerpać z nich korzyści, zamiast dać się im oślepić.

Jednak zarządzanie zmianą to coś więcej niż tylko przetrwanie — to także rozkwit w obliczu niepewności. Zmiana może być wyzwaniem i destrukcyjna, ale może być także szansą na rozwój, innowacje i transformację. Przyjmując zmiany z otwartym umysłem i pozytywnym nastawieniem, organizacje mogą odblokować nowe możliwości, odkryć ukryte mocne strony i osiągnąć przełomy, które w innym przypadku nie byłyby możliwe. Innymi słowy, zmiana to nie tylko coś, czym należy zarządzać – to coś, co należy przyjąć i wykorzystać, aby osiągnąć większy sukces.

W porządku, skoro już ustaliliśmy, dlaczego zarządzanie zmianami jest ważne, porozmawiajmy o tym, jak robić to skutecznie. Skuteczne zarządzanie zmianą zaczyna się od komunikacji i przejrzystości. Bądź otwarty i szczery wobec członków swojego zespołu na temat potrzeby zmiany, jej przyczyn i potencjalnego wpływu, jaki będzie ona miała. Stwórz możliwości dialogu i informacji zwrotnej oraz w jak największym stopniu angażuj członków swojego zespołu w proces zmian. Pomoże to w budowaniu zaufania i akceptacji oraz zmniejszy opór wobec zmian.

Kiedy już zakomunikujesz potrzebę zmian, czas stworzyć plan. Zidentyfikuj swoje cele i zadania, opracuj plan działania, w jaki sposób je osiągniesz, i odpowiednio przydziel zasoby i obowiązki. Pamiętaj, aby określić jasne oczekiwania i kamienie milowe oraz regularnie informować o postępach i aktualizacjach, aby wszyscy byli na bieżąco informowani i zaangażowani. Bądź przygotowany na elastyczność i dostosowywanie planu w miarę potrzeb w odpowiedzi na opinie i zmieniające się okoliczności.

Jednak skuteczne zarządzanie zmianami to nie tylko planowanie – to także realizacja. Zachowaj koncentrację i dyscyplinę, a także przygotuj się na zakasanie rękawów i zabranie się do pracy. Bądź proaktywny w rozwiązywaniu problemów i przeszkód w miarę ich pojawiania się oraz zapewniaj wsparcie i zachętę członkom swojego zespołu podczas przejścia. Pamiętaj też o świętowaniu sukcesów i kamieni milowych po drodze, aby utrzymać wysokie morale i dynamikę działań.

Oczywiście skuteczne zarządzanie zmianą wymaga również empatii i współczucia. Zmiany mogą być niepokojące i destrukcyjne, a naturalne jest, że ludzie czują się niespokojni, niepewni lub oporni. Bądź cierpliwy i wyrozumiały. Poświęć czas na wysłuchanie obaw członków swojego zespołu i zajmij się nimi z empatią i współczuciem. Zapewnij możliwości wsparcia i szkoleń, aby pomóc członkom zespołu zdobyć umiejętności i pewność siebie, których potrzebują, aby pomyślnie przejść przez zmianę.

No dobrze, porozmawiajmy o korzyściach płynących ze skutecznego zarządzania zmianami. Skuteczne zarządzanie zmianami może prowadzić do szerokiego zakresu korzyści zarówno dla organizacji, jak i pojedynczych osób. Pozwala organizacjom dostosowywać się i wprowadzać innowacje w odpowiedzi na zmieniające się okoliczności, zachować elastyczność i odporność w obliczu niepewności oraz skuteczniej osiągać swoje cele i zadania. Pomaga jednostkom budować odporność i zdolności adaptacyjne, rozwijać nowe umiejętności i możliwości oraz rozwijać się zarówno osobiście, jak i zawodowo. Ostatecznie prowadzi to do większego sukcesu, satysfakcji i spełnienia dla wszystkich zaangażowanych osób.

Oczywiście zarządzanie zmianą nie jest łatwe — wymaga cierpliwości, wytrwałości i chęci pogodzenia się z niepewnością i niejednoznacznością. Jednak przy właściwym sposobie myślenia, podejściu i wsparciu organizacje i pojedyncze osoby mogą skutecznie wprowadzać zmiany i wyjść z nich silniejsze, bardziej odporne i sprawniejsze niż kiedykolwiek wcześniej. Zakaszmy więc rękawy, zabierzmy się do pracy i potraktujmy zmiany jako szansę na rozwój i transformację. Kształtowanie przyszłości należy do nas.

Radzenie sobie z trudnymi rozmowami: radzenie sobie z wyzwaniami z empatią, przejrzystością i szacunkiem

W porządku, przyjrzyjmy się jednemu z najtrudniejszych, a jednocześnie istotnych aspektów komunikacji — prowadzeniu trudnych rozmów. Niezależnie od tego, czy chodzi o przekazywanie konstruktywnej informacji zwrotnej, rozwiązywanie problemów z wydajnością czy rozwiązywanie konfliktów, trudne rozmowy są nieuniknioną częścią życia i pracy. Jednak przy właściwym podejściu i sposobie myślenia możemy prowadzić te rozmowy z empatią, jasnością i szacunkiem. Zakaszmy więc rękawy i przyjrzyjmy się tajnikom prowadzenia trudnych rozmów – od tego, dlaczego są one ważne po to, jak prowadzić je skutecznie.

Najpierw zdefiniujmy nasze warunki. Trudne rozmowy to rozmowy, które obejmują poruszanie drażliwych lub trudnych tematów, takich jak konflikty, nieporozumienia lub problemy z wydajnością. Rozmowy te mogą być niewygodne lub niezręczne i często wymagają starannego planowania, przygotowania i komunikacji. Ale trudne rozmowy nie polegają tylko na przekazywaniu złych wiadomości lub rozwiązywaniu konfliktów – są także okazją do rozwoju, zrozumienia i rozwiązania.

Dlaczego więc trudne rozmowy są tak ważne? Po pierwsze, są one niezbędne do budowania silnych, zdrowych relacji. Niezależnie od tego, czy jest to współpracownik, członek zespołu, przyjaciel czy ukochana osoba, trudne rozmowy pozwalają nam rozwiązywać problemy, wyrażać obawy i wspólnie pracować nad wyzwaniami. Mając odwagę prowadzić takie rozmowy, możemy wzmocnić nasze relacje, budować zaufanie i relacje oraz wspierać kulturę otwartości i uczciwości.

Ale trudne rozmowy są również ważne dla rozwoju osobistego i zawodowego. Pozwalają nam uczyć się na błędach, otrzymywać informację zwrotną i identyfikować obszary wymagające poprawy. Mając odwagę prowadzić takie rozmowy, możemy stać się bardziej świadomi siebie, rozwinąć silniejsze umiejętności komunikacyjne i lepiej przygotować się do radzenia sobie z przyszłymi wyzwaniami i konfliktami.

W porządku, skoro już ustaliliśmy, dlaczego trudne rozmowy są ważne, porozmawiajmy o tym, jak skutecznie sobie z nimi radzić. Skuteczna komunikacja zaczyna się od przygotowania. Poświęć trochę czasu na zaplanowanie tego, co chcesz powiedzieć i w jaki sposób. Rozważ perspektywę drugiej osoby i przewiduj jej reakcję. Zastanów się, jakie są Twoje cele rozmowy i jaki wynik chcesz osiągnąć. Przygotowując się z wyprzedzeniem, możesz podejść do rozmowy z pewnością i jasnością.

Kiedy już będziesz przygotowany, czas na rozmowę. Wybierz czas i miejsce sprzyjające otwartemu i szczeremu dialogowi oraz stwórz bezpieczne i wspierające środowisko do rozmowy. Pamiętaj, aby aktywnie słuchać punktu widzenia drugiej osoby i okazywać empatię i zrozumienie dla jej punktu widzenia. Bądź uczciwy i bezpośredni w swojej komunikacji, ale zachowuj także szacunek i takt w przekazywaniu wiadomości.

Podczas rozmowy pamiętaj, aby skupić się na danej sprawie i nie dać się zwieść osobistym atakom lub nieistotnym szczegółom. Trzymaj się faktów i podawaj konkretne przykłady na poparcie swoich tez. Pamiętaj, aby otwarcie i szczerze wyrażać swoje uczucia i obawy, ale także bądź gotowy wysłuchać punktu widzenia drugiej osoby i potwierdzić także jej uczucia.

Jednak prowadzenie trudnych rozmów nie polega tylko na tym, co mówisz, ale także na tym, jak to mówisz. Zwróć uwagę na ton głosu, mowę ciała i mimikę i staraj się komunikować z empatią, przejrzystością i szacunkiem. Uważaj na swoje emocje i zrób sobie przerwę, jeśli chcesz się zebrać przed kontynuowaniem rozmowy. Bądź przygotowany na zarządzanie własnymi reakcjami i reakcjami oraz zachowaj spokój i opanowanie nawet w obliczu konfliktu lub oporu.

Oczywiście trudne rozmowy mogą być wyzwaniem emocjonalnym i naturalne jest uczucie niepokoju lub dyskomfortu w związku z nimi. Jednak dzięki praktyce i doświadczeniu możesz zyskać większą pewność siebie i skuteczność w radzeniu sobie z nimi. Pamiętaj, że trudne rozmowy są okazją do rozwoju i nauki, zarówno dla Ciebie, jak i drugiej osoby. Podchodząc do nich z empatią, jasnością i szacunkiem, możesz skutecznie nimi kierować i osiągnąć pozytywne wyniki dla wszystkich zaangażowanych osób.

W porządku, porozmawiajmy o korzyściach płynących ze skutecznego prowadzenia trudnych rozmów. Dobrze przeprowadzone trudne rozmowy mogą prowadzić do szeregu korzyści zarówno dla osób indywidualnych, jak i organizacji. Mogą pomóc w rozwiązywaniu konfliktów, poprawie komunikacji i wzmocnieniu relacji. Mogą prowadzić do większego zrozumienia, empatii i współpracy. Mogą ostatecznie prowadzić do lepszych wyników i większego sukcesu wszystkich zaangażowanych osób.

Oczywiście skuteczne prowadzenie trudnych rozmów wymaga odwagi, współczucia i umiejętności. Jednak przy właściwym podejściu i sposobie myślenia można z powodzeniem nimi zarządzać i osiągać pozytywne rezultaty. Zakaszmy więc rękawy, zabierzmy się do pracy i potraktujmy trudne rozmowy jako okazję do rozwoju, zrozumienia i rozwiązania. Przyszłość należy do nas.

Rozwiązywanie konfliktów: przekształcanie wyzwań w możliwości rozwoju i współpracy

W porządku, zagłębimy się w jeden z najważniejszych, a jednocześnie często stanowiących wyzwanie aspektów relacji międzyludzkich — rozwiązywanie konfliktów. Zarówno w życiu osobistym, jak i zawodowym konflikty są nieuniknione. Jednak sposób, w jaki podchodzimy do tych konfliktów i je rozwiązujemy, może mieć ogromne znaczenie w utrzymaniu zdrowych relacji oraz osiągnięciu wzajemnego zrozumienia i rozwoju. Zakaszmy więc rękawy i przyjrzyjmy się tajnikom rozwiązywania konfliktów – od tego, dlaczego jest to ważne, po to, jak robić to skutecznie.

Najpierw zdefiniujmy nasze warunki. Rozwiązywanie konfliktów to proces zajmowania się i rozwiązywania sporów lub nieporozumień pomiędzy jednostkami lub grupami. Obejmuje identyfikację podstawowych problemów, zrozumienie perspektyw wszystkich zaangażowanych stron i znalezienie wzajemnie akceptowalnych rozwiązań w celu rozwiązania konfliktu. Jednak rozwiązywanie konfliktów to nie tylko położenie kresu konfliktom – to także wspieranie komunikacji, budowanie zaufania i wzmacnianie relacji.

Dlaczego więc rozwiązywanie konfliktów jest tak ważne? Po pierwsze, konflikty mogą mieć szkodliwy wpływ na relacje, produktywność i morale. Nierozwiązane konflikty mogą prowadzić do niechęci, wrogości i załamań w komunikacji, co ostatecznie może podważyć zaufanie i współpracę w zespołach i organizacjach. Skuteczne rozwiązywanie konfliktów pozwala nam konstruktywnie rozwiązywać problemy i różnice, zamiast pozwalać na ich ropienie i eskalację.

Jednak rozwiązywanie konfliktów jest również ważne dla rozwoju osobistego i zawodowego. Konflikt może być okazją do nauki i rozwoju, ponieważ zmusza nas do konfrontacji z różnicami, kwestionowania założeń i rozważenia alternatywnych perspektyw. Podchodząc do konfliktów z otwartym umysłem oraz chęcią słuchania i uczenia się, możemy zyskać cenny wgląd w siebie i innych, dzięki czemu staniemy się bardziej odporni, elastyczni i empatyczni.

W porządku, skoro już ustaliliśmy, dlaczego rozwiązywanie konfliktów jest ważne, porozmawiajmy o tym, jak to zrobić skutecznie. Skuteczne rozwiązywanie konfliktów zaczyna się od komunikacji. Stwórz bezpieczne i wspierające środowisko dla dialogu oraz zachęć wszystkie zaangażowane strony do otwartego i szczerego wyrażania swoich myśli, uczuć i obaw. Pamiętaj, aby aktywnie słuchać tego, co inni mają do powiedzenia i starać się zrozumieć ich punkt widzenia i motywacje.

Po zidentyfikowaniu podstawowych problemów i perspektyw nadszedł czas, aby znaleźć wspólną płaszczyznę i pracować nad rozwiązaniem. Skoncentruj się na obszarach porozumienia i wspólnych interesów oraz szukaj rozwiązań korzystnych dla obu stron, które odpowiadają potrzebom i obawom wszystkich zaangażowanych stron. Bądź kreatywny i elastyczny w badaniu potencjalnych rozwiązań oraz bądź gotowy na kompromis i negocjacje, aby osiągnąć wynik akceptowalny dla obu stron.

Jednak skuteczne rozwiązywanie konfliktów nie polega tylko na znalezieniu rozwiązania – to także naprawienie relacji i odbudowanie zaufania. Bądź gotowy przyznać się do błędów i wziąć odpowiedzialność za swoje czyny, a także bądź otwarty na oferowanie i otrzymywanie przeprosin oraz przebaczenia. Bądź cierpliwy i empatyczny w swoich interakcjach oraz bądź gotowy zainwestować czas i wysiłek niezbędny do odbudowania zaufania i naprawy relacji.

Oczywiście rozwiązywanie konfliktów nie zawsze jest łatwe i naturalne jest uczucie niepokoju lub dyskomfortu w związku z konfrontacją z różnicami i rozwiązywaniem konfliktów. Jednak dzięki praktyce i doświadczeniu możesz zyskać większą pewność siebie i skuteczność w radzeniu sobie z konfliktami i znajdowaniu rozwiązań akceptowalnych dla obu stron. Pamiętaj, że konflikty są okazją do rozwoju i nauki, zarówno dla Ciebie, jak i innych zaangażowanych stron. Podchodząc do nich z empatią, jasnością i szacunkiem, możesz zamienić wyzwania w możliwości rozwoju i współpracy.

W porządku, porozmawiajmy o korzyściach płynących ze skutecznego rozwiązywania konfliktów. Skutecznie rozwiązywane konflikty mogą prowadzić do szeregu korzyści zarówno dla osób indywidualnych, jak i organizacji. Mogą wzmacniać relacje, poprawiać komunikację oraz sprzyjać zaufaniu i współpracy. Mogą prowadzić do większego zrozumienia, empatii i szacunku dla punktu widzenia innych. Mogą ostatecznie prowadzić do lepszych wyników i większego sukcesu wszystkich zaangażowanych osób.

Oczywiście skuteczne rozwiązywanie konfliktów wymaga odwagi, cierpliwości i umiejętności. Jednak przy właściwym podejściu i sposobie myślenia można skutecznie rozwiązywać konflikty i osiągać pozytywne wyniki. Zakaszmy więc rękawy, zabierzmy się do pracy i potraktujmy rozwiązywanie konfliktów jako szansę na rozwój, zrozumienie i współpracę. Przyszłość należy do nas.

Zarządzanie kryzysowe: poruszanie się po wzburzonych wodach dzięki odporności i strategii

W porządku, zagłębimy się w jeden z najważniejszych aspektów przywództwa i sukcesu organizacji – zarządzanie kryzysowe. W dzisiejszym nieprzewidywalnym świecie kryzysy mogą nadejść w każdej chwili, począwszy od klęsk żywiołowych, poprzez pogorszenie koniunktury finansowej, aż po koszmary public relations. Sposób, w jaki organizacje reagują na te kryzysy, może mieć decydujący wpływ na ich zdolność przetrwania burzy i wyjścia z niej wzmocnioną. Zakaszmy więc rękawy i przyjrzyjmy się tajnikom zarządzania kryzysowego – od tego, dlaczego jest ono ważne, po to, jak robić to skutecznie.

Najpierw zdefiniujmy nasze warunki. Zarządzanie kryzysowe to proces przygotowania, reagowania i wychodzenia z kryzysów lub sytuacji awaryjnych, które zagrażają stabilności, reputacji lub rentowności organizacji. Obejmuje identyfikację potencjalnych zagrożeń i słabych punktów, opracowywanie strategii i protokołów zarządzania kryzysami oraz mobilizację zasobów i personelu w celu skutecznego reagowania w przypadku wystąpienia kryzysów. Jednak zarządzanie kryzysowe nie polega tylko na reagowaniu na sytuacje kryzysowe, ale także na proaktywnym przygotowaniu się na nie i minimalizowaniu ich skutków.

Dlaczego więc zarządzanie kryzysowe jest tak ważne? Po pierwsze, kryzysy mogą mieć niszczycielski wpływ na organizacje, począwszy od strat finansowych, poprzez utratę reputacji, a skończywszy na zobowiązaniach prawnych. Bez skutecznego zarządzania kryzysowego organizacje ryzykują, że zostaną zaskoczone i źle przygotowane do reagowania na sytuacje kryzysowe, co może pogłębić szkody i wydłużyć proces odbudowy. Skuteczne zarządzanie kryzysowe pozwala organizacjom przewidywać kryzysy, przygotowywać się na nie i reagować na nie w sposób terminowy i skoordynowany, minimalizując ich skutki i zapewniając szybką i skuteczną odbudowę.

Jednak zarządzanie kryzysowe jest również ważne dla budowania zaufania wśród zainteresowanych stron. W czasach kryzysu zainteresowane strony — niezależnie od tego, czy są pracownikami, klientami, inwestorami czy społeczeństwem — zwracają się do organizacji po przywództwo, wskazówki i zapewnienie. Wykazując kompetencje, przejrzystość i odpowiedzialność w reagowaniu na kryzysy, organizacje mogą budować zaufanie wśród interesariuszy, wzmacniać swoją reputację i wychodzić z kryzysów z nienaruszoną wiarygodnością.

W porządku, skoro już ustaliliśmy, dlaczego zarządzanie kryzysowe jest ważne, porozmawiajmy o tym, jak robić to skutecznie. Skuteczne zarządzanie kryzysowe zaczyna się od przygotowania. Poświęć trochę czasu na identyfikację potencjalnych zagrożeń i słabych punktów, które mogą zagrozić Twojej organizacji, od klęsk żywiołowych po naruszenia cyberbezpieczeństwa i zakłócenia w łańcuchu dostaw. Opracuj strategie i protokoły zarządzania tym ryzykiem oraz ustal jasne role i obowiązki kluczowego personelu w przypadku kryzysu. Przeprowadzaj regularne szkolenia i ćwiczenia, aby mieć pewność, że wszyscy wiedzą, co robić w sytuacji awaryjnej, oraz aktualizuj swoje plany i protokoły w miarę ewolucji i zmian Twojej organizacji.

Kiedy już przygotujesz się na potencjalne kryzysy, ważne jest, aby zachować czujność i proaktywność. Monitoruj środowisko zewnętrzne pod kątem oznak pojawiających się zagrożeń lub luk i bądź przygotowany na odpowiednie dostosowanie swoich planów i protokołów. Ustal jasne linie komunikacji i podejmowania decyzji w swojej organizacji oraz upewnij się, że kluczowy personel jest dostępny i gotowy do natychmiastowej reakcji w sytuacjach awaryjnych. Pamiętaj także o budowaniu relacji i partnerstw z interesariuszami zewnętrznymi, takimi jak agencje rządowe, służby ratownicze i organizacje społeczne, aby zapewnić skoordynowaną i skuteczną reakcję na kryzysy.

Jednak skuteczne zarządzanie kryzysowe to nie tylko przygotowanie – to także komunikacja. W czasach kryzysu komunikacja ma kluczowe znaczenie dla utrzymania zaufania wśród zainteresowanych stron, a także dla koordynowania terminowej i skutecznej reakcji. Zachowaj przejrzystość i uczciwość w swojej komunikacji oraz dostarczaj terminowe i dokładne informacje wszystkim zainteresowanym stronom, zarówno wewnętrznym, jak i zewnętrznym. Bądź proaktywny w odpowiadaniu na wątpliwości i pytania, bądź gotowy przyznać się do błędów i wziąć odpowiedzialność za swoje działania. Pamiętaj, aby korzystać z różnych kanałów i platform komunikacyjnych, aby dotrzeć do różnych odbiorców i mieć pewność, że Twoje komunikaty zostaną usłyszane i zrozumiane.

Oczywiście zarządzanie kryzysowe nie jest łatwe i naturalne jest uczucie niepokoju lub przytłoczenia w obliczu kryzysu. Jednak dzięki przygotowaniu, czujności i skutecznej komunikacji organizacje mogą skutecznie radzić sobie z kryzysami i wychodzić silniejsze po drugiej stronie. Pamiętaj, że kryzysy są dla organizacji okazją do wykazania się odpornością, zdolnością adaptacyjną i zaangażowaniem wobec interesariuszy. Podchodząc do kryzysów z odwagą, kompetencją i współczuciem, organizacje mogą nie tylko przetrwać kryzysy, ale także prosperować w obliczu przeciwności losu.

No dobrze, porozmawiajmy o korzyściach płynących ze skutecznego zarządzania kryzysowego. Skutecznie zarządzając kryzysami, organizacje mogą zminimalizować ich skutki i zapewnić szybką i skuteczną odbudowę. Mogą utrzymać zaufanie wśród interesariuszy, wzmocnić swoją reputację i wyjść z kryzysów silniejsi i bardziej odporni niż kiedykolwiek wcześniej. Ostatecznie mogą osiągnąć większy sukces i zrównoważony rozwój w dłuższej perspektywie.

Oczywiście skuteczne zarządzanie kryzysowe wymaga przywództwa, zaangażowania i współpracy na wszystkich poziomach organizacji. Jednak przy właściwym podejściu i sposobie myślenia organizacje mogą skutecznie radzić sobie z kryzysami i wychodzić z nich silniejsze po drugiej stronie. Zakaszmy więc rękawy, zabierzmy się do pracy i potraktujmy zarządzanie kryzysowe jako szansę na rozwój, odporność i sukces. Przyszłość należy do nas.

Tworzenie produktywnego środowiska pracy: kultywowanie kultury, współpracy i dobrego samopoczucia

W porządku, przejdźmy do jednego z najważniejszych aspektów sukcesu organizacji — tworzenia produktywnego środowiska pracy. W dzisiejszym dynamicznym i konkurencyjnym świecie sukces organizacji często zależy od jej zdolności do wspierania kultury produktywności, współpracy i dobrego samopoczucia wśród pracowników. Zakaszmy więc rękawy i przyjrzyjmy się tajnikom tworzenia produktywnego środowiska pracy – od tego, dlaczego jest to ważne, po jak robić to skutecznie.

Najpierw zdefiniujmy nasze warunki. Produktywne środowisko pracy to takie, w którym pracownicy mogą osiągać najlepsze wyniki, efektywnie współpracować ze swoimi współpracownikami i osiągać swoje cele. Jest to środowisko, które sprzyja kreatywności, innowacyjności i zaangażowaniu oraz wspiera dobre samopoczucie fizyczne, emocjonalne i psychiczne swoich pracowników. Jednak tworzenie produktywnego środowiska pracy nie polega tylko na zapewnieniu odpowiednich narzędzi i zasobów — to także kultywowanie kultury, która ceni i wspiera produktywność i dobre samopoczucie.

Dlaczego więc tworzenie produktywnego środowiska pracy jest tak ważne? Po pierwsze, jest to niezbędne do przyciągania i zatrzymywania najlepszych talentów. Na dzisiejszym konkurencyjnym rynku pracy pracownicy coraz częściej szukają miejsc pracy, które oferują coś więcej niż tylko wypłatę — chcą pracować dla organizacji, które cenią ich wkład, wspierają ich rozwój oraz zapewniają pozytywne i satysfakcjonujące środowisko pracy. Tworząc produktywne środowisko pracy, organizacje mogą przyciągnąć i zatrzymać najlepsze talenty, zmniejszyć rotację, a ostatecznie osiągnąć większy sukces i zrównoważony rozwój w dłuższej perspektywie.

Jednak tworzenie produktywnego środowiska pracy jest również ważne dla zapewnienia wydajności i sukcesu organizacji. Produktywni pracownicy są bardziej zaangażowani, zmotywowani i zaangażowani w swoją pracę, co prowadzi do wyższego poziomu wydajności, innowacyjności i zadowolenia klientów. Wspierając kulturę produktywności i współpracy, organizacje mogą w pełni wykorzystać potencjał swoich pracowników i szybciej osiągać lepsze wyniki.

W porządku, skoro już ustaliliśmy, dlaczego tworzenie produktywnego środowiska pracy jest ważne, porozmawiajmy o tym, jak robić to skutecznie. Efektywna produktywność zaczyna się od kultury. Stwórz kulturę, która ceni i nagradza ciężką pracę, innowacje i współpracę, a także wspiera dobre samopoczucie fizyczne, emocjonalne i psychiczne swoich pracowników. Wspieraj otwartą komunikację i przejrzystość oraz zachęcaj do przekazywania informacji zwrotnych i wkładu na wszystkich poziomach organizacji. Tworząc kulturę zaufania, szacunku i odpowiedzialności, organizacje mogą umożliwić swoim pracownikom osiąganie najlepszych wyników i osiąganie pełnego potencjału.

Po ustaleniu kultury produktywności ważne jest zapewnienie odpowiednich narzędzi i zasobów, które pomogą pracownikom odnieść sukces. Inwestuj w programy szkoleniowe i rozwojowe, aby pomóc pracownikom rozwijać umiejętności i możliwości, których potrzebują, aby odnieść sukces na swoich stanowiskach. Zapewnij dostęp do technologii i zasobów, które umożliwiają pracownikom efektywną pracę i współpracę, niezależnie od tego, czy są w biurze, pracują zdalnie, czy w podróży. Pamiętaj też o stworzeniu fizycznej przestrzeni do pracy sprzyjającej produktywności, z dużą ilością naturalnego światła, wygodnymi meblami oraz miejscami do współpracy i koncentracji.

Jednak tworzenie produktywnego środowiska pracy to nie tylko środowisko fizyczne — to także wspieranie dobrego samopoczucia pracowników. Uznaj, że pracownicy to istoty ludzkie, które żyją poza pracą, i staraj się stworzyć kulturę, która wspiera równowagę i elastyczność między życiem zawodowym a prywatnym. Oferuj świadczenia i programy promujące dobre samopoczucie fizyczne, emocjonalne i psychiczne, takie jak elastyczne godziny pracy, programy odnowy biologicznej i dostęp do zasobów w zakresie zdrowia psychicznego. Pamiętaj też, aby dawać przykład, traktując priorytetowo swoje dobre samopoczucie i kształtując zdrowe nawyki pracy wśród swoich pracowników.

Oczywiście stworzenie produktywnego środowiska pracy nie jest jednorazowym wysiłkiem — to ciągła podróż polegająca na ciągłym doskonaleniu. Bądź otwarty na opinie i uwagi swoich pracowników oraz bądź gotowy na wprowadzanie dostosowań i zmian w razie potrzeby, aby lepiej odpowiadać ich potrzebom i preferencjom. Pamiętaj też, aby świętować sukcesy i kamienie milowe po drodze, aby docenić i nagradzać ciężką pracę i wkład swoich pracowników.

W porządku, porozmawiajmy o korzyściach płynących ze stworzenia produktywnego środowiska pracy. Kiedy organizacje tworzą produktywne środowisko pracy, mogą osiągnąć szeroki zakres korzyści zarówno dla pracowników, jak i organizacji jako całości. Produktywni pracownicy są bardziej zaangażowani, zmotywowani i zaangażowani w swoją pracę, co prowadzi do wyższego poziomu wydajności, innowacyjności i zadowolenia klientów. Organizacje mogą przyciągnąć i zatrzymać najlepsze talenty, zmniejszyć rotację i ostatecznie osiągnąć większy sukces i zrównoważony rozwój w dłuższej perspektywie. Pracownicy mogą cieszyć się większą satysfakcją z pracy, spełnieniem i dobrym samopoczuciem, co prowadzi do ogólnie szczęśliwszej i zdrowszej siły roboczej.

Oczywiście stworzenie produktywnego środowiska pracy wymaga przywództwa, zaangażowania i współpracy na wszystkich poziomach organizacji. Jednak przy właściwym podejściu i sposobie myślenia organizacje mogą stworzyć środowisko pracy, w którym pracownicy mogą się rozwijać i odnosić sukcesy. Zakaszmy więc rękawy, zabierzmy się do pracy i stwórzmy produktywne środowisko pracy, które wspiera sukces i dobre samopoczucie wszystkich zaangażowanych osób. Przyszłość należy do nas.

Doskonalenie procesów: zwiększanie wydajności, jakości i innowacyjności

W porządku, przejdźmy do jednego z najważniejszych aspektów sukcesu organizacji — doskonalenia procesów. W dzisiejszym szybko zmieniającym się i konkurencyjnym środowisku biznesowym organizacje muszą stale dążyć do poprawy swojej wydajności, jakości i innowacyjności, aby wyprzedzić konkurencję i zachować konkurencyjność. Zakaszmy więc rękawy i przyjrzyjmy się tajnikom doskonalenia procesów – od tego, dlaczego jest to ważne, po jak to robić skutecznie.

Najpierw zdefiniujmy nasze warunki. Doskonalenie procesów to ciągłe wysiłki mające na celu identyfikację, analizowanie i ulepszanie procesów i przepływów pracy w organizacji w celu osiągnięcia lepszych wyników, niezależnie od tego, czy chodzi o zwiększoną wydajność, wyższą jakość, obniżone koszty czy większą innowacyjność. Polega na systematycznym identyfikowaniu możliwości doskonalenia, wdrażaniu zmian i innowacji oraz monitorowaniu i mierzeniu wpływu tych zmian w czasie. Jednak doskonalenie procesów to nie tylko wprowadzanie stopniowych ulepszeń – to także kwestionowanie status quo i wprowadzanie znaczących zmian w celu osiągnięcia przełomowych wyników.

Dlaczego więc doskonalenie procesów jest tak ważne? Po pierwsze, jest to niezbędne, aby zachować konkurencyjność w dzisiejszym dynamicznym świecie biznesu. W miarę postępu technologii i ewolucji oczekiwań klientów organizacje muszą stale dostosowywać się i wprowadzać innowacje, aby sprostać zmieniającym się potrzebom i wymaganiom klientów. Doskonalenie procesów pozwala organizacjom usprawniać swoje działania, eliminować marnotrawstwo i nieefektywność oraz dostarczać produkty i usługi wyższej jakości szybciej i taniej. Dzięki ciągłemu doskonaleniu swoich procesów organizacje mogą wyprzedzić konkurencję i utrzymać przewagę konkurencyjną na rynku.

Jednak doskonalenie procesów jest również ważne dla napędzania innowacji i wzrostu. Podważając status quo oraz zachęcając do kreatywności i eksperymentów, organizacje mogą odkrywać nowe pomysły, możliwości i rozwiązania, które napędzają innowacje i rozwój. Doskonalenie procesów pozwala organizacjom rozbijać silosy, wspierać współpracę i tworzyć kulturę ciągłego uczenia się i doskonalenia. Umożliwiając pracownikom przejmowanie odpowiedzialności za swoją pracę oraz wnoszenie własnych pomysłów i spostrzeżeń, organizacje mogą wykorzystać pełny potencjał swoich pracowników i wprowadzać znaczące zmiany i innowacje.

W porządku, skoro już ustaliliśmy, dlaczego doskonalenie procesów jest ważne, porozmawiajmy o tym, jak robić to skutecznie. Skuteczne doskonalenie procesów zaczyna się od zaangażowania w ciągłe uczenie się i doskonalenie. Zachęcaj pracowników na wszystkich poziomach organizacji do aktywnego poszukiwania możliwości doskonalenia i kwestionowania status quo. Stwórz kulturę, która ceni i nagradza innowacje, kreatywność i współpracę, a także zapewnia narzędzia, zasoby i wsparcie niezbędne do wprowadzenia znaczących zmian.

Po zidentyfikowaniu możliwości ulepszeń ważne jest, aby podchodzić do nich systematycznie i strategicznie. Zacznij od zdefiniowania jasnych celów i zadań związanych z doskonaleniem oraz ustal kluczowe wskaźniki wydajności (KPI), aby mierzyć postęp i sukces. Następnie zbierz dane i informacje, aby zrozumieć bieżący stan procesu, w tym jego mocne i słabe strony oraz obszary wymagające poprawy. Korzystaj z narzędzi i technik, takich jak mapowanie procesów, analiza przyczyn źródłowych i analiza porównawcza, aby zidentyfikować możliwości ulepszeń i nadać im priorytety w oparciu o ich potencjalny wpływ i wykonalność.

Po zidentyfikowaniu możliwości ulepszeń nadszedł czas na wdrożenie zmian i innowacji. Pamiętaj o zaangażowaniu w proces kluczowych interesariuszy i ekspertów merytorycznych oraz komunikowaniu się otwarcie i przejrzyście o wprowadzanych zmianach i ich przyczynach. Zapewnij szkolenia i wsparcie, aby pomóc pracownikom dostosować się do zmian, a także przygotuj się na powtarzanie i udoskonalanie procesu w oparciu o opinie i wyciągnięte wnioski.

Oczywiście doskonalenie procesów to nie tylko jednorazowy wysiłek — to ciągła podróż polegająca na ciągłym uczeniu się i doskonaleniu. Pamiętaj, aby monitorować i mierzyć wpływ zmian w czasie i być przygotowanym na wprowadzenie dostosowań i udoskonaleń, jeśli będzie to konieczne, aby osiągnąć pożądane rezultaty. Pamiętaj też, aby świętować sukcesy i kamienie milowe po drodze, aby docenić i nagrodzić ciężką pracę i wkład wszystkich zaangażowanych osób.

Dobra, porozmawiajmy o korzyściach płynących ze skutecznego doskonalenia procesów. Skuteczne doskonalenie procesów może prowadzić do szerokiego zakresu korzyści zarówno dla organizacji, jak i osób prywatnych. Może zwiększyć wydajność, jakość i innowacyjność, prowadząc do lepszych produktów i usług, obniżenia kosztów i zwiększenia zadowolenia klientów. Może napędzać wzrost i konkurencyjność, pomagając organizacjom wyprzedzać konkurencję i pozostać istotnymi w dzisiejszym szybko zmieniającym się środowisku biznesowym. Może także wzmacniać pozycję pracowników, sprzyjać współpracy i tworzyć kulturę ciągłego uczenia się i doskonalenia, co prowadzi do większej satysfakcji z pracy, spełnienia i dobrego samopoczucia.

Oczywiście skuteczne doskonalenie procesów wymaga przywództwa, zaangażowania i współpracy na wszystkich poziomach organizacji. Jednak przy właściwym podejściu i sposobie myślenia organizacje mogą wprowadzać znaczące zmiany i osiągać przełomowe wyniki. Zakaszmy więc rękawy, zabierzmy się do pracy i potraktujmy doskonalenie procesów jako katalizator wzrostu, innowacji i sukcesu. Przyszłość należy do nas.

Wyznaczanie i śledzenie celów: droga do sukcesu dzięki przejrzystości i odpowiedzialności

W porządku, wyruszmy w podróż do jednego z najbardziej podstawowych aspektów rozwoju osobistego i zawodowego — wyznaczania i śledzenia celów. Zarówno w życiu osobistym, jak i zawodowym, ustalenie jasnych celów i śledzenie postępów w ich realizacji jest niezbędne do osiągnięcia sukcesu i spełnienia. Zakaszmy więc rękawy i przyjrzyjmy się tajnikom wyznaczania i śledzenia celów, począwszy od tego, dlaczego jest to ważne, a skończywszy na tym, jak robić to skutecznie.

Najpierw zdefiniujmy nasze warunki. Wyznaczanie celów to proces definiowania konkretnych, mierzalnych, osiągalnych, istotnych i określonych w czasie celów, które chcemy osiągnąć. Niezależnie od tego, czy chodzi o rozwój kariery, poprawę zdrowia i kondycji, czy też uczenie się nowych umiejętności, wyznaczanie jasnych celów wyznacza nam kierunek i cel oraz motywuje nas do działania. Jednak wyznaczanie celów nie polega tylko na wielkich marzeniach – to także podzielenie naszych celów na mniejsze, łatwiejsze do wykonania zadania i kamienie milowe oraz stworzenie planu ich osiągnięcia.

Dlaczego więc wyznaczanie celów i śledzenie ich jest tak ważne? Po pierwsze, jest to niezbędne dla przejrzystości i skupienia. W dzisiejszym dynamicznym i rozpraszającym świecie łatwo jest zostać przytłoczonym i stracić z oczu to, co jest dla nas naprawdę ważne. Wyznaczanie jasnych celów daje nam jasność co do tego, co chcemy osiągnąć i dlaczego jest to dla nas ważne, a także pomaga nam odpowiednio ustalić priorytety naszego czasu i energii. Koncentrując się na naszych celach, możemy uniknąć zwrócenia uwagi na czynniki rozpraszające i pozostać na właściwej drodze do osiągnięcia naszych celów.

Jednak wyznaczanie i śledzenie celów jest również ważne dla odpowiedzialności i motywacji. Kiedy wyznaczamy jasne cele i śledzimy postęp w ich realizacji, bierzemy na siebie odpowiedzialność za podejmowanie działań i postęp w realizacji naszych celów. Regularnie przeglądając nasze cele i śledząc nasze postępy, możemy zachować motywację i inspirację do dalszego rozwoju, nawet w obliczu przeszkód i niepowodzeń. Świętując nasze sukcesy i kamienie milowe po drodze, możemy wzmocnić nasz postęp i nabrać impetu w kierunku osiągnięcia naszych celów.

W porządku, skoro już ustaliliśmy, dlaczego wyznaczanie i śledzenie celów jest ważne, porozmawiajmy o tym, jak robić to skutecznie. Skuteczne wyznaczanie celów zaczyna się od jasności. Poświęć trochę czasu na zastanowienie się nad tym, co jest dla Ciebie naprawdę ważne i co chcesz osiągnąć w życiu osobistym i zawodowym. Wyznaczaj cele, które są konkretne, mierzalne, osiągalne, istotne i określone w czasie (SMART) i podziel je na mniejsze, łatwiejsze do wykonania zadania i kamienie milowe.

Po ustaleniu celów ważne jest stworzenie planu ich osiągnięcia. Zidentyfikuj kroki i działania, które musisz podjąć, aby zbliżyć się do swoich celów, a następnie utwórz harmonogram i harmonogram ich realizacji. Pamiętaj o ustaleniu priorytetów swoich zadań i skoncentruj się najpierw na najważniejszych i najbardziej wpływowych działaniach, a także bądź przygotowany na dostosowanie planu w razie potrzeby w odpowiedzi na opinie i zmieniające się okoliczności.

Jednak wyznaczanie i śledzenie celów to nie tylko planowanie – to także podejmowanie działań. Bądź proaktywny w podejmowaniu niezbędnych kroków, aby osiągnąć swoje cele, a także bądź zdyscyplinowany i konsekwentny w swoich wysiłkach. Bądź skupiony i zaangażowany w realizację swoich celów, a także bądź gotowy pokonywać przeszkody i wyzwania po drodze. Pamiętaj też o regularnym śledzeniu swoich postępów, aby mieć pewność, że podążasz drogą prowadzącą do osiągnięcia swoich celów i w razie potrzeby wprowadzaj niezbędne zmiany.

Oczywiście wyznaczanie i śledzenie celów nie jest jednorazowym wysiłkiem — to ciągły proces refleksji, planowania, działania i przeglądu. Pamiętaj, aby regularnie przeglądać swoje cele i postępy oraz świętować sukcesy i kamienie milowe po drodze. Korzystaj z narzędzi i technik, takich jak prowadzenie dziennika, aplikacje do wyznaczania celów lub partnerzy odpowiedzialni za swoje działania, aby utrzymać motywację i podążać drogą, a także być gotowym do szukania wsparcia i wskazówek, gdy zajdzie taka potrzeba.

W porządku, porozmawiajmy o korzyściach płynących ze skutecznego wyznaczania i śledzenia celów. Skuteczne wyznaczanie i śledzenie celów może prowadzić do szerokiego zakresu korzyści zarówno dla osób indywidualnych, jak i organizacji. Może zapewnić jasność i skupienie, pomagając nam ustalić priorytety naszego czasu i energii w celu osiągnięcia naszych celów. Może pociągnąć nas do odpowiedzialności za podjęcie działań i postęp w kierunku naszych celów, nawet w obliczu przeszkód lub niepowodzeń. Może nas motywować i inspirować do dalszego pójścia do przodu, nawet gdy sytuacja staje się trudna.

Oczywiście skuteczne wyznaczanie i śledzenie celów wymaga dyscypliny, zaangażowania i wytrwałości. Jednak przy właściwym podejściu i sposobie myślenia możemy osiągnąć niezwykłe wyniki i uwolnić nasz pełny potencjał. Zakaszmy więc rękawy, zabierzmy się do pracy i wykorzystajmy wyznaczanie i śledzenie celów jako potężne narzędzie do rozwoju osobistego i zawodowego oraz osiągnięcia sukcesu. Przyszłość należy do nas.

Planowanie strategiczne: wytyczanie kursu na sukces dzięki wizji i celowi

W porządku, zagłębimy się w jeden z najważniejszych aspektów sukcesu organizacji — planowanie strategiczne. W dzisiejszym dynamicznym i konkurencyjnym krajobrazie biznesowym organizacje muszą mieć jasną wizję, cel i plan, aby poruszać się po zawiłościach rynku i osiągać swoje długoterminowe cele. Zakaszmy więc rękawy i przyjrzyjmy się tajnikom planowania strategicznego – od tego, dlaczego jest ono ważne, po to, jak robić to skutecznie.

Najpierw zdefiniujmy nasze warunki. Planowanie strategiczne to proces definiowania długoterminowej wizji, misji i celów organizacji oraz opracowywania kompleksowego planu ich osiągnięcia. Polega na analizie otoczenia wewnętrznego i zewnętrznego, identyfikacji szans i zagrożeń oraz ustaleniu jasnych celów i priorytetów organizacji. Ale planowanie strategiczne to nie tylko wyznaczanie celów – to także tworzenie planu działania i planu działania, które poprowadzą organizację do pożądanego przyszłego stanu.

Dlaczego więc planowanie strategiczne jest tak ważne? Po pierwsze, wyznacza kierunek i cel. W dzisiejszym dynamicznym i złożonym środowisku biznesowym organizacje muszą mieć jasne poczucie kierunku i celu, aby poradzić sobie z niepewnością i wyzwaniami, przed którymi stoją. Planowanie strategiczne pozwala organizacjom zdefiniować długoterminową wizję i cele oraz stworzyć plan działania, który będzie wyznaczał kierunki ich decyzji i działań. Łącząc wszystkich w organizacji wokół wspólnej wizji i celu, planowanie strategiczne pomaga zapewnić przejrzystość, skupienie i zgodność, a także zapewnia, że wszyscy pracują nad tymi samymi celami.

Jednak planowanie strategiczne jest również ważne dla zapewnienia wydajności i sukcesu organizacji. Ustalając jasne cele i priorytety, planowanie strategiczne pomaga organizacjom efektywniej alokować zasoby i inwestycje oraz skupiać się na działaniach i inicjatywach, które będą miały największy wpływ na ich długoterminowy sukces. Pomaga organizacjom przewidywać zmiany na rynku i reagować na nie, a także wykorzystywać możliwości wzrostu i innowacji. Zapewnia także ramy oceny wyników i postępów oraz wprowadzania niezbędnych dostosowań i udoskonaleń, aby pozostać na właściwej drodze do osiągnięcia swoich celów.

W porządku, skoro już ustaliliśmy, dlaczego planowanie strategiczne jest ważne, porozmawiajmy o tym, jak robić to skutecznie. Skuteczne planowanie strategiczne zaczyna się od jasnego zrozumienia wizji, misji i wartości organizacji. Poświęć trochę czasu na zastanowienie się nad tym, co reprezentuje Twoja organizacja, co pragniesz osiągnąć i w jaki sposób chcesz zmienić świat. Zdefiniuj swoją długoterminową wizję i cele oraz wyartykułuj przekonującą misję, która oddaje istotę tego, czym zajmuje się Twoja organizacja.

Kiedy już zdefiniujesz swoją wizję i misję, czas przeprowadzić analizę strategiczną otoczenia wewnętrznego i zewnętrznego. Oceń mocne i słabe strony, szanse i zagrożenia swojej organizacji oraz zidentyfikuj kluczowe trendy, czynniki napędzające i czynniki kształtujące rynek i branżę. Weź pod uwagę potrzeby i preferencje swoich klientów, działania i strategie konkurencji oraz szersze działające siły gospodarcze, polityczne i społeczne. Rozumiejąc siły działające w Twoim otoczeniu, możesz lepiej przewidywać zmiany i możliwości oraz reagować na nie, a także zapewnić swojej organizacji sukces.

Po przeprowadzeniu analizy strategicznej nadszedł czas na ustalenie jasnych celów i priorytetów dla Twojej organizacji. Zdefiniuj konkretne, mierzalne, osiągalne, istotne i określone w czasie cele (SMART), które pomogą Ci osiągnąć długoterminową wizję i misję. Nadaj swoim celom priorytety na podstawie ich strategicznego znaczenia i potencjalnego wpływu, a także utwórz plan działania i plan działania, które pokierują Twoimi wysiłkami. Pamiętaj o włączeniu kluczowych interesariuszy w proces planowania oraz komunikowaniu się otwarcie i przejrzyście o swoich celach i priorytetach oraz ich powodach.

Oczywiście planowanie strategiczne nie polega tylko na wyznaczaniu celów, ale także na ich realizacji. Bądź proaktywny we wdrażaniu swojego planu strategicznego i strategicznie alokuj swoje zasoby i inwestycje, aby wspierać swoje cele i priorytety. Regularnie monitoruj swoje postępy i wyniki i bądź przygotowany na wprowadzenie niezbędnych dostosowań i udoskonaleń, aby pozostać na właściwej drodze do osiągnięcia swoich celów. Pamiętaj też, aby świętować sukcesy i kamienie milowe po drodze, aby docenić i nagrodzić ciężką pracę i wkład wszystkich zaangażowanych osób.

W porządku, porozmawiajmy o korzyściach płynących z skutecznego planowania strategicznego. Skuteczne planowanie strategiczne może prowadzić do szerokiego zakresu korzyści zarówno dla organizacji, jak i osób prywatnych. Zapewnia kierunek i cel, pomagając organizacjom poruszać się po zawiłościach rynku i osiągać długoterminowe cele. Napędza wydajność i sukces organizacji, skupiając wszystkich wokół wspólnej wizji i celu oraz skupiając zasoby i wysiłki na działaniach i inicjatywach, które będą miały największy wpływ. Wspiera także kulturę innowacji i uczenia się, zachęcając organizacje do przewidywania zmian na rynku i reagowania na nie, a także wykorzystywania możliwości wzrostu i doskonalenia.

Oczywiście skuteczne planowanie strategiczne wymaga przywództwa, zaangażowania i współpracy na wszystkich poziomach organizacji. Jednak przy właściwym podejściu i sposobie myślenia organizacje mogą wytyczyć kurs na sukces i osiągnąć niezwykłe wyniki. Zakaszmy więc rękawy, zabierzmy się do pracy i wykorzystajmy planowanie strategiczne jako potężne narzędzie do osiągnięcia naszych długoterminowych celów i wywarcia pozytywnego wpływu na świat. Przyszłość należy do nas.

Podejmowanie decyzji: poruszanie się po złożoności z przejrzystością i pewnością

W porządku, zagłębimy się w jeden z najważniejszych aspektów przywództwa i sukcesu organizacji – podejmowanie decyzji. Zarówno w życiu osobistym, jak i zawodowym umiejętność podejmowania rozsądnych decyzji jest niezbędna do osiągania celów, rozwiązywania problemów i poruszania się po zawiłościach życia. Zakaszmy więc rękawy i przyjrzyjmy się tajnikom podejmowania decyzji – od tego, dlaczego jest to ważne, po to, jak robić to skutecznie.

Najpierw zdefiniujmy nasze warunki. Podejmowanie decyzji to proces wyboru sposobu działania spośród wielu alternatyw w oparciu o uważną ocenę i rozważenie odpowiednich informacji, czynników i konsekwencji. Niezależnie od tego, czy chodzi o wybór pomiędzy różnymi ścieżkami kariery, podjęcie decyzji o poważnym zakupie, czy podjęcie strategicznych decyzji biznesowych, skuteczne podejmowanie decyzji wymaga przejrzystości, analizy i oceny. Jednak podejmowanie decyzji nie polega tylko na dokonywaniu wyborów – to także zarządzanie ryzykiem, niepewnością i kompromisami oraz wzięcie odpowiedzialności za wyniki naszych decyzji.

Dlaczego więc podejmowanie decyzji jest tak ważne? Po pierwsze, jest to niezbędne do rozwiązywania problemów i osiągania naszych celów. W dzisiejszym złożonym i dynamicznym świecie nieustannie stajemy przed wieloma wyborami i wyzwaniami, od codziennych decyzji, takich jak co zjeść na lunch, po bardziej złożone decyzje, takie jak jaką ofertę pracy przyjąć lub jaką strategię biznesową zastosować. Skuteczne podejmowanie decyzji pozwala nam rozważyć dostępne opcje, ocenić zalety i wady oraz wybrać najlepszy sposób działania, aby osiągnąć nasze cele.

Jednak podejmowanie decyzji jest również ważne dla przywództwa i sukcesu organizacji. Liderzy są często proszeni o podejmowanie trudnych decyzji, które mają wpływ na ich zespoły, organizacje i interesariuszy. Niezależnie od tego, czy chodzi o decyzję o wprowadzeniu na rynek nowego produktu, o alokacji zasobów, czy o zarządzaniu kryzysem, skuteczne podejmowanie decyzji jest niezbędne, aby przewodzić w sposób jasny, pewny i uczciwy. Podejmując świadome, przemyślane decyzje, liderzy mogą wzbudzić zaufanie wśród swoich zespołów i interesariuszy, a także wpływać na wydajność i sukces organizacji.

W porządku, skoro już ustaliliśmy, dlaczego podejmowanie decyzji jest ważne, porozmawiajmy o tym, jak robić to skutecznie. Skuteczne podejmowanie decyzji zaczyna się od przejrzystości. Poświęć trochę czasu na zdefiniowanie swoich celów i priorytetów oraz wyjaśnienie, co chcesz osiągnąć poprzez swoją decyzję. Rozważ dostępne alternatywy i ich potencjalne wyniki oraz określ kryteria i czynniki, które są dla Ciebie najważniejsze. Jasno określając swoje cele i kryteria, możesz skupić swoją uwagę i wysiłki na ocenie opcji, które są dla Ciebie najbardziej odpowiednie i znaczące.

Po wyjaśnieniu celów i kryteriów nadszedł czas na zebranie i przeanalizowanie odpowiednich informacji. Poświęć trochę czasu na zbadanie i zebranie danych, a także rozważ perspektywy i opinie innych osób, na które Twoja decyzja może mieć wpływ. Użyj narzędzi i technik, takich jak analiza SWOT, analiza kosztów i korzyści lub drzewa decyzyjne, aby ocenić zalety i wady każdej alternatywy oraz ocenić związane z nią potencjalne ryzyko i niepewność. Przyjmując systematyczne i analityczne podejście do podejmowania decyzji, możesz dokonywać bardziej świadomych i racjonalnych wyborów, opartych na dowodach i logice.

Jednak podejmowanie decyzji to nie tylko analiza – to także osąd. Zaufaj swojemu instynktowi i intuicji oraz bądź gotowy słuchać swoich przeczuć i emocji. Chociaż uwzględnienie faktów i dowodów jest ważne, czasami nasza intuicja może dostarczyć cennych spostrzeżeń i wskazówek, których nie da się uchwycić na podstawie samych danych.

Bądź otwarty na odkrywanie różnych perspektyw i punktów widzenia oraz szukaj różnorodnych opinii i informacji zwrotnych, aby uzasadnić swoją decyzję. Bądź gotowy na dokonywanie trudnych wyborów i kompromisów, nawet jeśli nie są one łatwe lub popularne, i bierz odpowiedzialność za wyniki swoich decyzji.

Oczywiście podejmowanie decyzji nie jest wydarzeniem jednorazowym — jest to ciągły proces uczenia się i adaptacji. Bądź przygotowany na monitorowanie i ocenę wyników swoich decyzji oraz bądź gotowy dostosować i udoskonalić swoje podejście w razie potrzeby w oparciu o opinie i doświadczenie. Ucz się na swoich sukcesach i porażkach i wykorzystuj je jako szansę na rozwój i poprawę. Pamiętaj też, aby świętować sukcesy i kamienie milowe po drodze, aby docenić i nagrodzić ciężką pracę i wkład wszystkich zaangażowanych osób.

W porządku, porozmawiajmy o korzyściach płynących ze skutecznego podejmowania decyzji. Skuteczne podejmowanie decyzji może prowadzić do szerokiego zakresu korzyści zarówno dla osób indywidualnych, jak i organizacji. Może pomóc nam osiągnąć nasze cele, rozwiązać problemy i poruszać się po zawiłościach życia z jasnością i pewnością siebie. Może przyczynić się do sukcesu przywództwa i organizacji, wzbudzając zaufanie wśród zespołów i interesariuszy oraz stymulując wydajność i innowacyjność. Może ostatecznie prowadzić do większego spełnienia, satysfakcji i sukcesu zarówno w życiu osobistym, jak i zawodowym.

Oczywiście skuteczne podejmowanie decyzji wymaga praktyki, cierpliwości i wytrwałości. Jednak dzięki właściwemu podejściu i nastawieniu możemy stać się bardziej wykwalifikowanymi i pewnymi siebie decydentami, zdolnymi do poruszania się po zawiłościach życia z jasnością i pewnością siebie. Zakaszmy więc rękawy, zabierzmy się do pracy i wykorzystajmy podejmowanie decyzji jako potężne narzędzie do osiągania naszych celów i wywierania pozytywnego wpływu na świat. Przyszłość należy do nas.

Innowacja i kreatywność: uwolnienie mocy wyobraźni i pomysłowości

W porządku, wyruszmy w podróż do jednej z najbardziej przemieniających sił na świecie – innowacji i kreatywności. Zarówno w życiu osobistym, jak i zawodowym innowacje i kreatywność napędzają postęp, inspirują nowe pomysły i inspirują przełomowe rozwiązania niektórych z najpilniejszych wyzwań, przed którymi stoimy. Zakaszmy więc rękawy i poznajmy tajniki innowacji i kreatywności, począwszy od tego, dlaczego są one ważne, a skończywszy na tym, jak je skutecznie rozwijać.

Najpierw zdefiniujmy nasze warunki. Innowacja to proces opracowywania nowych pomysłów, produktów, usług lub procesów, które tworzą wartość i odpowiadają niezaspokojonym potrzebom rynku. Chodzi o myślenie odmiennie, kwestionowanie status quo i przesuwanie granic tego, co możliwe. Z drugiej strony kreatywność to zdolność do generowania nowatorskich i użytecznych pomysłów, spostrzeżeń i rozwiązań, które są oryginalne i pomysłowe. Chodzi o wykorzystanie naszej wrodzonej ciekawości, wyobraźni i intuicji oraz wykorzystanie ich do rozwiązywania problemów i tworzenia czegoś nowego.

Dlaczego zatem innowacyjność i kreatywność są tak ważne? Po pierwsze, są one niezbędne do napędzania postępu i wzrostu. W dzisiejszym szybkim i dynamicznym świecie organizacje muszą stale wprowadzać innowacje i dostosowywać się, aby wyprzedzić konkurencję i zachować konkurencyjność. Innowacje i kreatywność napędzają wzrost gospodarczy, napędzają postęp technologiczny i poprawiają jakość naszego życia poprzez rozwiązywanie problemów, tworzenie miejsc pracy i wspieranie przedsiębiorczości. Wspierając kulturę innowacji i kreatywności, organizacje mogą odblokować nowe możliwości, napędzać zrównoważony rozwój i wywierać pozytywny wpływ na świat.

Ale innowacyjność i kreatywność są również ważne dla spełnienia osobistego i zawodowego. Pozwalają nam wyrazić siebie, odkrywać nowe pomysły i wychodzić poza naszą strefę komfortu. Inspirują nas do wielkich marzeń, podejmowania ryzyka i uznawania porażek za naturalną część procesu uczenia się. Rozwijając naszą kreatywność i wdrażając innowacje, możemy w pełni wykorzystać nasz potencjał, odnaleźć sens i cel w naszej pracy oraz wpłynąć na życie innych.

W porządku, skoro już ustaliliśmy, dlaczego innowacja i kreatywność są ważne, porozmawiajmy o tym, jak skutecznie je kultywować. Skuteczne innowacje i kreatywność zaczynają się od wspierania kultury, która ceni i wspiera eksperymenty, eksplorację i współpracę. Stwórz środowisko, w którym każdy czuje się upoważniony do dzielenia się swoimi pomysłami, podejmowania ryzyka i kwestionowania status quo. Zachęcaj do współpracy międzyfunkcyjnej i różnorodności myśli oraz zapewniaj zasoby, wsparcie i zachęty niezbędne do urzeczywistniania pomysłów.

Kiedy już stworzysz kulturę innowacji i kreatywności, ważne jest zapewnienie odpowiednich narzędzi i procesów, które je wspierają. Twórz przestrzenie i możliwości do burzy mózgów, tworzenia pomysłów i eksperymentowania, a także zapewniaj dostęp do zasobów i wiedzy specjalistycznej, które mogą pomóc w urzeczywistnieniu pomysłów. Zachęcaj pracowników do realizowania swoich pasji i zainteresowań oraz zapewniaj im autonomię i elastyczność w odkrywaniu nowych pomysłów i podejść. Pamiętaj też, aby świętować i doceniać wkład tych, którzy podejmują ryzyko i przesuwają granice tego, co jest możliwe.

Ale innowacja i kreatywność nie polegają tylko na wymyślaniu nowych pomysłów – ale także na przekształcaniu tych pomysłów w działanie. Zachęcaj do działania i eksperymentowania oraz twórz kulturę, która uznaje porażki za naturalną część procesu innowacji.

Zachęcaj pracowników, aby szybko i tanio testowali swoje pomysły, a przy okazji wyciągali wnioski ze swoich sukcesów i porażek. Pamiętaj też o zapewnieniu wsparcia i zasobów niezbędnych do powodzenia pomysłów, niezależnie od tego, czy będzie to finansowanie, wiedza specjalistyczna czy dostęp do sieci i partnerstw.

Oczywiście innowacyjność i kreatywność wymagają przywództwa, zaangażowania i wytrwałości. Jednak przy właściwym podejściu i sposobie myślenia organizacje mogą uwolnić pełny potencjał swoich pracowników i osiągnąć niezwykłe wyniki. Zakaszmy więc rękawy, zabierzmy się do pracy i wykorzystajmy innowacje i kreatywność jako potężne siły napędzające postęp, wzrost i pozytywne zmiany na świecie. Przyszłość należy do nas.

Networking: budowanie połączeń zapewniających sukces i rozwój

W porządku, przejdźmy do jednej z najważniejszych umiejętności zapewniających sukces osobisty i zawodowy — tworzenia sieci kontaktów. W dzisiejszym połączonym świecie budowanie i pielęgnowanie relacji z innymi ma kluczowe znaczenie dla rozwoju naszej kariery, osiągania celów i otwierania nowych możliwości. Zakaszmy więc rękawy i przyjrzyjmy się tajnikom networkingu – od tego, dlaczego jest on ważny, po to, jak robić to skutecznie.

Najpierw zdefiniujmy nasze warunki. Tworzenie sieci kontaktów to proces kultywowania relacji z innymi osobami lub grupami w celu dzielenia się informacjami, zasobami i możliwościami. Obejmuje budowanie i utrzymywanie sieci kontaktów, które mogą zapewnić wsparcie, porady i skierowania, a także które mogą pomóc nam poruszać się po zawiłościach naszego życia osobistego i zawodowego. Ale networking to nie tylko nawiązywanie kontaktów — to także budowanie zaufania, relacji i wzajemnych korzyści oraz kultywowanie znaczących i trwałych relacji.

Dlaczego więc networking jest tak ważny? Po pierwsze, jest to niezbędne do awansu zawodowego i rozwoju zawodowego. Na dzisiejszym konkurencyjnym rynku pracy posiadanie silnej sieci kontaktów może zapewnić nam przewagę konkurencyjną w zakresie wyszukiwania możliwości zatrudnienia, zapewniania rekomendacji i rozwoju naszej kariery. Dzięki networkingowi możemy dotrzeć do ukrytego rynku pracy, na którym wiele ofert pracy jest obsadzonych poprzez polecenia i pocztę pantoflową, a nie poprzez tradycyjne ogłoszenia o pracę. Budując i pielęgnując relacje z innymi osobami z naszej branży lub dziedziny, możemy zwiększyć naszą widoczność, poszerzyć naszą wiedzę i umiejętności oraz zapewnić sobie sukces.

Ale tworzenie sieci kontaktów jest również ważne dla osobistego rozwoju i spełnienia. Budowanie relacji z innymi pozwala nam uczyć się na ich doświadczeniach, perspektywach i spostrzeżeniach oraz zdobywać nowe pomysły, perspektywy i możliwości rozwoju. Networking zapewnia system wsparcia osób o podobnych poglądach, które mogą zaoferować zachętę, radę i informację zwrotną, a także pomóc nam pokonać wyzwania i niepewność życia. Otaczając się różnorodną i wspierającą siecią kontaktów, możemy poszerzyć nasze horyzonty, poszerzyć nasze perspektywy i wzbogacić nasze życie w znaczący i satysfakcjonujący sposób.

W porządku, skoro już ustaliliśmy, dlaczego tworzenie sieci jest ważne, porozmawiajmy o tym, jak robić to skutecznie. Skuteczny networking zaczyna się od autentyczności i prawdziwego zainteresowania innymi. Traktuj networking jako okazję do budowania znaczących i autentycznych relacji z innymi, a nie jako transakcyjną wymianę przysług i możliwości. Poświęć czas na poznanie ludzi na poziomie osobistym i okaż prawdziwe zainteresowanie ich zainteresowaniami, pasjami i celami. Budując zaufanie i relacje z innymi, możesz stworzyć mocny fundament trwałej i wzajemnie korzystnej relacji.

Kiedy już nawiążesz z kimś więź, ważne jest, aby pielęgnować i utrzymywać tę relację przez długi czas. Utrzymuj regularny kontakt ze swoimi kontaktami, czy to za pośrednictwem poczty elektronicznej, rozmów telefonicznych, mediów społecznościowych czy spotkań osobistych. Dziel się aktualizacjami na temat swojego życia i kariery oraz okazuj prawdziwe zainteresowanie ich sukcesami, wyzwaniami i aspiracjami. Bądź proaktywny w oferowaniu wsparcia, porad i skierowań, kiedy tylko możesz, i bądź gotowy poprosić o pomoc lub wsparcie, kiedy tego potrzebujesz. Inwestując czas i wysiłek w pielęgnowanie relacji, możesz zbudować silną i wspierającą sieć, która będzie do Twojej dyspozycji, gdy będziesz jej najbardziej potrzebować.

Ale networking to nie tylko budowanie relacji — to także dawanie czegoś od siebie swojej sieci i wnoszenie wartości w zamian. Poszukaj możliwości wspierania i podnoszenia na duchu innych w swojej sieci, czy to poprzez oferowanie porad, przedstawianie się, czy zapewnianie możliwości współpracy. Bądź hojny w swoim czasie, wiedzy i zasobach i bądź gotowy przekazać je dalej, kiedy tylko możesz. Wnosząc wartość do swojej sieci, możesz wzmocnić swoje relacje, zbudować zaufanie i dobrą wolę oraz stworzyć sieć, która wzajemnie się wspiera i jest korzystna dla wszystkich zaangażowanych.

Oczywiście skuteczny networking wymaga cierpliwości, wytrwałości i odporności. Budowanie znaczących relacji wymaga czasu i wysiłku, a nie każde połączenie doprowadzi do natychmiastowych rezultatów. Jednak przy właściwym podejściu i sposobie myślenia tworzenie sieci kontaktów może być potężnym narzędziem umożliwiającym rozwój naszej kariery, osiąganie celów i wzbogacanie naszego życia. Zakaszmy więc rękawy, wyjdźmy i zacznijmy budować nasze sieci. Przyszłość należy do nas, a nasze sieci są naszymi sojusznikami w realizacji naszych marzeń.

Zarządzanie interesariuszami: budowanie relacji zapewniających sukces i zrównoważony rozwój

W porządku, zagłębimy się w jeden z najważniejszych aspektów zarządzania projektami i sukcesu organizacji – zarządzanie interesariuszami. W każdym projekcie lub inicjatywie biorą udział różne osoby, grupy lub organizacje zainteresowane wynikami. Skuteczne zarządzanie tymi interesariuszami jest niezbędne do uzyskania ich wsparcia, poradzenia sobie z wyzwaniami i osiągnięcia sukcesu. Zakaszmy więc rękawy i przyjrzyjmy się tajnikom zarządzania interesariuszami – od tego, dlaczego jest to ważne, po to, jak robić to skutecznie.

Najpierw zdefiniujmy nasze warunki. Zarządzanie interesariuszami to proces identyfikowania, angażowania i komunikowania się z osobami, grupami lub organizacjami, które mają interes lub udział w projekcie lub inicjatywie. Obejmuje zrozumienie ich potrzeb, oczekiwań i obaw oraz proaktywną pracę nad ich rozwiązaniem przez cały cykl życia projektu. Jednak zarządzanie interesariuszami to nie tylko zarządzanie relacjami – to także budowanie zaufania, współpracy i wzajemnych korzyści oraz tworzenie wyników korzystnych dla wszystkich zaangażowanych stron.

Dlaczego zatem zarządzanie interesariuszami jest tak ważne? Po pierwsze, jest to niezbędne do powodzenia projektu. W każdym projekcie lub inicjatywie interesariusze mogą mieć znaczący wpływ na jego wyniki, czy to poprzez swoje wsparcie, sprzeciw, zasoby czy wpływ. Angażując zainteresowane strony na wczesnym etapie i często oraz angażując ich w kluczowe decyzje i dyskusje, kierownicy projektów mogą zyskać ich wsparcie i poparcie, a także zwiększyć prawdopodobieństwo sukcesu. Zarządzanie interesariuszami pomaga również wcześnie zidentyfikować potencjalne ryzyko i problemy, umożliwiając kierownikom projektów proaktywne zajęcie się nimi i łagodzenie ich wpływu na projekt.

Jednak zarządzanie interesariuszami jest również ważne dla sukcesu i zrównoważonego rozwoju organizacji. W dzisiejszym połączonym i współzależnym świecie organizacje muszą uwzględniać potrzeby i interesy szerokiego grona interesariuszy, w tym pracowników, klientów, inwestorów, organów regulacyjnych i społeczności. Angażując się z interesariuszami w znaczący i przejrzysty sposób, organizacje mogą budować zaufanie, wiarygodność i dobrą wolę, a także budować pozytywną reputację i wizerunek marki. Zarządzanie interesariuszami pomaga także organizacjom przewidywać pojawiające się trendy i problemy oraz reagować na nie, a także dostosowywać swoje strategie i praktyki, aby wyprzedzić konkurencję.

W porządku, skoro już ustaliliśmy, dlaczego zarządzanie interesariuszami jest ważne, porozmawiajmy o tym, jak robić to skutecznie. Skuteczne zarządzanie interesariuszami zaczyna się od identyfikacji i zrozumienia interesariuszy. Poświęć trochę czasu na sporządzenie mapy wszystkich osób, grup lub organizacji, które są zainteresowane lub mają udziały w Twoim projekcie lub inicjatywie, a następnie przeanalizuj ich potrzeby, oczekiwania i obawy. Weź pod uwagę poziom ich wpływu, władzy i zainteresowania projektem i odpowiednio ustal priorytety swoich wysiłków.

Po zidentyfikowaniu interesariuszy ważne jest, aby wcześnie i często nawiązywać z nimi kontakt. Komunikuj się otwarcie i przejrzyście na temat swojego projektu lub inicjatywy oraz angażuj interesariuszy w kluczowe decyzje i dyskusje, które ich dotyczą. Aktywnie słuchaj ich opinii i obaw oraz reaguj na ich potrzeby i zainteresowania. Angażując w proces interesariuszy, możesz zyskać ich wsparcie i zaangażowanie, a także zwiększyć prawdopodobieństwo sukcesu.

Jednak zarządzanie interesariuszami to nie tylko komunikacja – to także budowanie relacji. Poświęć czas na budowanie zaufania i relacji z interesariuszami oraz zainwestuj w utrzymanie pozytywnych i konstruktywnych relacji z nimi w miarę upływu czasu. Bądź proaktywny w informowaniu interesariuszy o postępie projektu i bądź przejrzysty w przypadku wszelkich pojawiających się wyzwań i problemów. Pamiętaj też o uznaniu i uznaniu wkładu swoich interesariuszy oraz świętuj sukcesy i kamienie milowe po drodze.

Oczywiście zarządzanie interesariuszami wymaga przywództwa, empatii i odporności. Budowanie i utrzymywanie pozytywnych relacji z interesariuszami może być wyzwaniem, zwłaszcza gdy w grę wchodzą sprzeczne interesy lub priorytety. Jednak przy właściwym podejściu i sposobie myślenia zarządzanie interesariuszami może być potężnym narzędziem umożliwiającym osiągnięcie sukcesu projektu i trwałości organizacji. Zakaszmy więc rękawy, zabierzmy się do pracy i traktujmy zarządzanie interesariuszami jako kluczowy czynnik sukcesu i wpływu. Przyszłość należy do nas, a nasi interesariusze są naszymi partnerami w osiąganiu naszych celów.

Współpraca międzyfunkcyjna: wspieranie jedności dla wspólnego sukcesu

W porządku, zagłębimy się w jeden z najważniejszych aspektów efektywności organizacji — współpracę międzyfunkcyjną. W dzisiejszym wzajemnie połączonym i złożonym środowisku biznesowym zdolność do efektywnej pracy między różnymi funkcjami i działami jest niezbędna do napędzania innowacji, osiągania celów strategicznych i dostarczania wartości klientom. Zakaszmy więc rękawy i przyjrzyjmy się tajnikom współpracy międzyfunkcyjnej, począwszy od tego, dlaczego jest ona ważna, a skończywszy na tym, jak ją skutecznie wykonywać.

Najpierw zdefiniujmy nasze warunki. Współpraca międzyfunkcyjna to proces łączenia osób lub zespołów z różnych funkcji lub działów w organizacji w celu pracy na rzecz wspólnego celu. Obejmuje rozbijanie silosów, wspieranie komunikacji i współpracy oraz wykorzystywanie różnorodnych perspektyw, umiejętności i wiedzy specjalistycznej członków zespołu w celu rozwiązywania problemów, podejmowania decyzji i osiągania wyników. Jednak współpraca międzyfunkcyjna to nie tylko wspólna praca — to także budowanie zaufania, szacunku i jedności oraz tworzenie kultury pracy zespołowej i wzajemnego wsparcia.

Dlaczego więc współpraca międzyfunkcyjna jest tak ważna? Po pierwsze, jest to niezbędne do napędzania innowacyjności i kreatywności. W dzisiejszym szybko zmieniającym się i konkurencyjnym środowisku biznesowym innowacja jest często kluczem do sukcesu. Łącząc osoby o różnym pochodzeniu, doświadczeniach i perspektywach, współpraca międzyfunkcyjna umożliwia organizacjom korzystanie z szerokiego zakresu pomysłów, spostrzeżeń i wiedzy specjalistycznej oraz generowanie innowacyjnych rozwiązań złożonych problemów. Współpraca sprzyja kreatywności, inicjuje nowe pomysły oraz zachęca do eksperymentowania i podejmowania ryzyka, prowadząc do przełomowych innowacji napędzających wzrost i konkurencyjność.

Jednak współpraca międzyfunkcyjna jest również ważna dla osiągnięcia celów strategicznych i dostarczania wartości klientom. Wiele z najpilniejszych współczesnych wyzwań i możliwości jest złożonych i wieloaspektowych, wymaga wkładu i wiedzy specjalistycznej ze strony wielu funkcji lub działów w organizacji. Współpracując między różnymi funkcjami, organizacje mogą dostosować swoje wysiłki i zasoby do wspólnych celów i zadań oraz osiągnąć wyniki, które są większe niż suma ich części. Współpraca umożliwia organizacjom wykorzystanie ich wspólnych mocnych stron, zasobów i możliwości oraz dostarczanie bezproblemowych i zintegrowanych rozwiązań, które spełniają potrzeby i oczekiwania klientów.

W porządku, skoro już ustaliliśmy, dlaczego współpraca międzyfunkcyjna jest ważna, porozmawiajmy o tym, jak robić to skutecznie. Skuteczna współpraca międzyfunkcyjna zaczyna się od przywództwa i zaangażowania ze strony wyższej kadry kierowniczej. Liderzy muszą nadawać ton i oczekiwania współpracy oraz tworzyć kulturę, która ceni i nagradza pracę zespołową, komunikację i współpracę. Muszą przełamać silosy i bariery uniemożliwiające współpracę oraz stworzyć struktury i procesy ułatwiające interdyscyplinarną komunikację i koordynację.

Kiedy już zostaną stworzone podstawy współpracy, ważne jest ustalenie jasnych celów, ról i obowiązków zespołów interdyscyplinarnych. Zdefiniuj cele i zakres współpracy oraz wyjaśnij role i obowiązki członków zespołu z różnych funkcji lub działów. Ustal jasne oczekiwania dotyczące komunikacji, podejmowania decyzji i odpowiedzialności oraz ustal regularne kontrole i aktualizacje w celu monitorowania postępów i rozwiązywania wszelkich pojawiających się problemów lub wątpliwości.

Jednak efektywna współpraca międzyfunkcyjna wymaga również skutecznych umiejętności komunikacji i budowania relacji. Zachęcaj do otwartej i przejrzystej komunikacji między członkami zespołu oraz twórz możliwości dzielenia się pomysłami, opiniami i najlepszymi praktykami. Rozwijaj kulturę zaufania, szacunku i wzajemnego wsparcia, w której członkowie zespołu czują się swobodnie, wyrażając swoje opinie i kwestionując status quo. Bądź proaktywny w rozwiązywaniu konfliktów lub nieporozumień, które mogą się pojawić, i skup się na znalezieniu rozwiązań korzystnych dla obu stron, które odpowiadają potrzebom i interesom wszystkich zaangażowanych stron.

Oczywiście współpraca międzyfunkcyjna wymaga cierpliwości, wytrwałości i odporności. Budowanie i utrzymywanie skutecznej współpracy może być wyzwaniem, zwłaszcza gdy w grę wchodzą konkurencyjne priorytety lub interesy. Jednak przy właściwym podejściu i sposobie myślenia organizacje mogą wykorzystać siłę współpracy międzyfunkcyjnej do napędzania innowacji, osiągania celów strategicznych i dostarczania wartości klientom. Zakaszmy więc rękawy, zabierzmy się do pracy i wykorzystajmy współpracę międzyfunkcyjną jako kluczowy czynnik sukcesu i wpływu organizacji. Przyszłość należy do nas i razem możemy osiągnąć niezwykłe rezultaty.

Ciągłe uczenie się: wspieranie rozwoju osobistego i zawodowego

W porządku, wyruszmy w podróż do jednej z najbardziej przemieniających praktyk w zakresie rozwoju osobistego i zawodowego — ciągłego uczenia się. W dzisiejszym szybko rozwijającym się świecie zdolność do adaptacji, uczenia się i rozwoju jest niezbędna, aby pozostać na bieżąco, osiągać sukcesy i prowadzić satysfakcjonujące życie. Zakaszmy więc rękawy i przyjrzyjmy się tajnikom ciągłego uczenia się, począwszy od tego, dlaczego jest ono ważne, a skończywszy na tym, jak skutecznie je kultywować.

Najpierw zdefiniujmy nasze warunki. Uczenie się ciągłe to praktyka aktywnego poszukiwania nowej wiedzy, umiejętności i doświadczeń w sposób ciągły, w celu doskonalenia się, rozwoju naszej kariery i osiągnięcia naszych celów. Obejmuje nastawienie oparte na ciekawości, otwartości i chęci uczenia się, a także zaangażowanie w rozwój i doskonalenie przez całe życie. Jednak ciągłe uczenie się nie polega tylko na zdobywaniu wiedzy, ale także na stosowaniu tego, czego się uczymy, zastanawianiu się nad naszymi doświadczeniami oraz włączaniu nowych spostrzeżeń i perspektyw do naszego życia.

Dlaczego więc ciągłe uczenie się jest tak ważne? Po pierwsze, jest to niezbędne, aby zachować aktualność i konkurencyjność w dzisiejszym dynamicznym i ciągle zmieniającym się świecie. Tempo zmian w naszym społeczeństwie przyspiesza, napędzane postępem technologii, globalizacją oraz zmieniającą się dynamiką społeczną i gospodarczą. Aby nadążać za tymi zmianami i prosperować w naszej karierze i życiu, musimy chcieć się dostosowywać i stale się uczyć. Ciągłe uczenie się pozwala nam wyprzedzać konkurencję, przewidywać pojawiające się trendy i możliwości oraz zapewnić sobie sukces w szybko zmieniającym się krajobrazie.

Jednak ciągłe uczenie się jest również ważne dla osobistego rozwoju i spełnienia. Uczenie się nowych rzeczy poszerza nasze horyzonty, poszerza nasze perspektywy i wzbogaca nasze życie w znaczący i satysfakcjonujący sposób. Pozwala nam odkrywać nasze zainteresowania, pasje i talenty, a także zdobywać nowe możliwości i doświadczenia, które przynoszą nam radość i spełnienie. Ciągłe uczenie się sprzyja nastawieniu na rozwój, odporności i pewności siebie, a także pozwala nam pokonywać wyzwania i przeszkody z odwagą i determinacją.

W porządku, skoro już ustaliliśmy, dlaczego ciągłe uczenie się jest ważne, porozmawiajmy o tym, jak skutecznie je kultywować. Skuteczne ciągłe uczenie się zaczyna się od nastawienia opartego na ciekawości i otwartości na nowe doświadczenia. Traktuj naukę jako podróż pełną eksploracji i odkryć, a nie jako cel końcowy. Pielęgnuj w sobie poczucie zachwytu i zachwytu nad otaczającym Cię światem, bądź gotowy wyjść poza swoją strefę komfortu i spróbować nowych rzeczy. Uznaj porażkę za naturalną część procesu uczenia się i potraktuj ją jako szansę na rozwój i poprawę.

Kiedy już przyjmiesz nastawienie polegające na ciągłym uczeniu się, ważne jest, aby stworzyć plan i strukturę swojej ścieżki edukacyjnej. Wyznacz jasne cele i zadania dotyczące tego, czego chcesz się nauczyć i osiągnąć, a także utwórz plan działania lub plan działania, który będzie wyznaczał kierunki Twoich wysiłków. Podziel swoje cele na mniejsze, łatwe do wykonania kroki i ustal priorytety swoich działań edukacyjnych na podstawie ich ważności i związku z Twoimi celami. Bądź proaktywny w poszukiwaniu możliwości uczenia się, czy to poprzez edukację formalną, kursy online, warsztaty, czy samodzielną naukę. Pamiętaj też, aby przeznaczyć czas i zasoby na wsparcie swojej ścieżki edukacyjnej i uczynić ją priorytetem w swoim życiu.

Jednak skuteczne ciągłe kształcenie wymaga także refleksji i włączenia tego, czego się uczymy, do naszego życia. Poświęć trochę czasu na refleksję nad swoimi doświadczeniami związanymi z nauką i włączenie nowych spostrzeżeń i perspektyw do swojego myślenia i zachowania. Szukaj możliwości zastosowania tego, czego się nauczyłeś w życiu osobistym i zawodowym oraz dzielenia się swoją wiedzą i doświadczeniem z innymi. Szukaj informacji zwrotnych i wskazówek od mentorów, trenerów lub rówieśników i bądź otwarty na uczenie się na podstawie ich doświadczeń i perspektyw.

Oczywiście ciągłe uczenie się wymaga zaangażowania, dyscypliny i odporności. Budowanie nawyku uczenia się przez całe życie wymaga czasu i wysiłku, a po drodze nieuchronnie pojawią się wyzwania i przeszkody. Jednak przy właściwym podejściu i sposobie myślenia ciągłe uczenie się może być satysfakcjonującym i wzbogacającym doświadczeniem, które przemienia nasze życie w głęboki i znaczący sposób. Zakaszmy więc rękawy, zabierzmy się do pracy i potraktujmy ciągłe uczenie się jako trwającą całe życie podróż pełną wzrostu, odkrywania i samodoskonalenia. Przyszłość należy do nas, a ciągłe uczenie się jest naszą mapą drogową do sukcesu i spełnienia.

Równowaga między życiem zawodowym a prywatnym: pielęgnowanie harmonii w zabieganym świecie

W porządku, przyjrzyjmy się jednemu z najważniejszych aspektów współczesnego życia — równowadze między życiem zawodowym a prywatnym. W dzisiejszym dynamicznym i wymagającym świecie znalezienie zdrowej równowagi między obowiązkami zawodowymi a zajęciami osobistymi jest niezbędne dla naszego dobrego samopoczucia, satysfakcji i ogólnej jakości życia. Zakaszmy więc rękawy i zagłębimy się w zawiłości równowagi między życiem zawodowym a prywatnym, począwszy od tego, dlaczego jest ona kluczowa, a skończywszy na tym, jak skutecznie ją kultywować.

Przede wszystkim zdefiniujmy nasze warunki. Równowaga między życiem zawodowym a prywatnym to delikatna sztuka łączenia wymagań zawodowych z pragnieniem osobistego spełnienia, zdrowia i szczęścia. Obejmuje zarządzanie naszym czasem, energią i priorytetami w sposób, który pozwala nam osiągać sukcesy zawodowe, a jednocześnie pielęgnować relacje, realizować swoje pasje i dbać o dobrostan fizyczny i psychiczny. Jednak równowaga między życiem zawodowym a prywatnym nie polega tylko na podziale czasu – to także wyznaczanie granic, zarządzanie oczekiwaniami i odnajdywanie harmonii między pracą a życiem osobistym.

Dlaczego więc równowaga między życiem zawodowym a prywatnym jest tak ważna? Po pierwsze, jest ona niezbędna dla naszego zdrowia i dobrego samopoczucia. Badania wykazały, że chroniczny stres i przepracowanie mogą znacząco odbić się na naszym zdrowiu fizycznym i psychicznym, prowadząc do wypalenia, wyczerpania i zwiększonego ryzyka problemów zdrowotnych, takich jak choroby serca, depresja i stany lękowe. Stawiając na pierwszym miejscu równowagę między życiem zawodowym a prywatnym, możemy zmniejszyć poziom stresu, naładować akumulatory oraz poprawić ogólny stan zdrowia i samopoczucie.

Jednak równowaga między życiem zawodowym a prywatnym ma również kluczowe znaczenie dla naszych relacji i jakości życia. Nasze osobiste relacje są podstawą naszego szczęścia i spełnienia, zapewniając nam miłość, wsparcie i więź w naszym życiu. Zaniedbywanie relacji na rzecz pracy może nadwyrężyć nasze relacje i prowadzić do poczucia samotności, izolacji i żalu. Stawiając na pierwszym miejscu czas spędzony z bliskimi i pielęgnując nasze relacje, możemy stworzyć silny system wsparcia i poczucie przynależności, które podtrzymuje nas w obliczu wyzwań i triumfów życia.

No dobrze, skoro już ustaliliśmy, dlaczego równowaga między życiem zawodowym a prywatnym jest ważna, porozmawiajmy o tym, jak skutecznie ją kultywować. Skuteczna równowaga między życiem zawodowym a prywatnym zaczyna się od ustalenia jasnych granic i priorytetów. Poświęć trochę czasu na określenie tego, co jest dla Ciebie najważniejsze zarówno w pracy, jak i życiu osobistym, i ustal granice, które chronią Twój czas, energię i dobre samopoczucie. Komunikuj swoje granice i priorytety swoim współpracownikom, klientom i bliskim i bądź gotowy odmówić zobowiązaniom i żądaniom, które nie są zgodne z Twoimi wartościami i celami.

Kiedy już ustalisz swoje granice i priorytety, ważne jest, aby efektywnie zarządzać swoim czasem i energią. Ustal priorytety swoich zadań i obowiązków w oparciu o ich wagę i pilność oraz odpowiednio przydziel swój czas i energię. Zaplanuj regularne przerwy w ciągu dnia, aby naładować baterie i zresetować się, a także pamiętaj o swoim dobrym samopoczuciu fizycznym i psychicznym. Poświęć czas na czynności związane z samopielęgnacją, takie jak ćwiczenia, medytacja lub hobby, które przynoszą ci radość i spełnienie, i uczyń je priorytetem w swojej codziennej rutynie.

Jednak skuteczna równowaga między życiem zawodowym a prywatnym wymaga również elastyczności i zdolności adaptacyjnych.

Życie jest nieprzewidywalne i nieuchronnie nadejdą chwile, kiedy praca będzie wymagała więcej czasu i uwagi lub kiedy obowiązki osobiste będą wymagały od nas dostosowania harmonogramu. Bądź gotowy na elastyczność i dostosowywanie się do zmieniających się okoliczności oraz aktywnie szukaj kreatywnych rozwiązań, które pozwolą Ci wywiązać się ze swoich obowiązków bez poświęcania dobrego samopoczucia. W razie potrzeby szukaj wsparcia u współpracowników, przyjaciół lub członków rodziny i bądź gotowy delegować zadania lub prosić o pomoc, gdy czujesz się przytłoczony.

Oczywiście kultywowanie równowagi między życiem zawodowym a prywatnym to ciągły proces, który wymaga uważności, samoświadomości i zaangażowania. Nie zawsze jest to łatwe i będą chwile, kiedy będziemy mieli trudności ze znalezieniem właściwej równowagi. Ale dzięki praktyce i wytrwałości możemy stworzyć satysfakcjonujące, znaczące i zrównoważone życie — życie, w którym praca i obowiązki osobiste harmonijnie współistnieją i w którym prosperujemy zarówno zawodowo, jak i osobiście. Zakaszmy więc rękawy, zabierzmy się do pracy i wyruszmy w kierunku równowagi między życiem zawodowym a prywatnym jako drogą do większego szczęścia, spełnienia i dobrego samopoczucia. Przyszłość należy do nas, a jeśli zachowamy równowagę w życiu, możemy osiągnąć wszystko, o czym tylko zapragniemy.

Refleksja i doskonalenie: ścieżka do rozwoju osobistego i zawodowego

W porządku, przyjrzyjmy się transformacyjnej praktyce refleksji i doskonalenia. W naszym dynamicznym życiu znalezienie czasu na zatrzymanie się, refleksję i wyciągnięcie wniosków z naszych doświadczeń jest niezbędne dla rozwoju osobistego i zawodowego. Zakaszmy więc rękawy i zagłębimy się w zawiłości refleksji i doskonalenia, począwszy od tego, dlaczego jest to kluczowe, po to, jak skutecznie to kultywować.

Najpierw zdefiniujmy nasze warunki. Refleksja to proces patrzenia wstecz na nasze doświadczenia, myśli i działania z ciekawością i otwartością. Wymaga to wycofania się o krok od zgiełku życia i krytycznego spojrzenia na nasze sukcesy, wyzwania i wyciągnięte wnioski. Z drugiej strony doskonalenie to proces wykorzystania naszych refleksji do wprowadzenia pozytywnych zmian w naszym życiu. Obejmuje identyfikację obszarów wzrostu i rozwoju oraz podejmowanie przemyślanych działań w celu ulepszenia naszych umiejętności, nawyków i sposobu myślenia.

Dlaczego więc refleksja i doskonalenie są tak ważne? Po pierwsze, jest niezbędna do nauki i rozwoju. Nasze doświadczenia, zarówno pozytywne, jak i negatywne, zawierają cenne lekcje i spostrzeżenia, które mogą pomóc nam stać się lepszymi wersjami nas samych. Poświęcając czas na refleksję nad naszymi doświadczeniami i wydobywając z nich mądrość, możemy uzyskać głębsze zrozumienie siebie, naszych mocnych i słabych stron oraz otaczającego nas świata. Refleksja pozwala nam uczyć się na błędach, świętować sukcesy i podejmować świadome decyzje, które są zgodne z naszymi wartościami i celami.

Jednak refleksja i doskonalenie są również kluczowe dla rozwoju osobistego i zawodowego. W dzisiejszym dynamicznym i złożonym świecie umiejętność dostosowywania się, uczenia się i rozwoju jest niezbędna do pozostania na rynku i osiągnięcia sukcesu. Nieustannie zastanawiając się nad naszymi doświadczeniami i szukając możliwości doskonalenia, możemy podnosić nasze umiejętności, poszerzać wiedzę i otwierać nowe możliwości rozwoju i spełnienia. Refleksja i doskonalenie pozwala nam stać się bardziej odpornymi, przystosowalnymi i skutecznymi w radzeniu sobie z wyzwaniami i niepewnością życia.

W porządku, skoro już ustaliliśmy, dlaczego refleksja i doskonalenie są ważne, porozmawiajmy o tym, jak skutecznie to kultywować. Skuteczna refleksja i doskonalenie zaczyna się od stworzenia czasu i przestrzeni na autorefleksję. Poświęć trochę czasu każdego dnia lub tygodnia na przerwę, wyciszenie umysłu i refleksję nad swoimi doświadczeniami. Możesz prowadzić dziennik, medytować lub po prostu siedzieć cicho i kontemplować swoje myśli i uczucia. Kluczem jest wyrobienie w sobie nawyku refleksji, który pozwoli ci dostroić się do wewnętrznej mądrości oraz zyskać jasność i wgląd w swoje życie.

Kiedy już znajdziesz czas na refleksję, ważne jest, aby zadać sobie istotne pytania, które pobudzą do głębokiego myślenia i samopoznania. Zadaj sobie pytania takie jak: Czego nauczyłem się z tego doświadczenia? Co poszło dobrze, a co mogłem zrobić inaczej? Jakie są moje mocne strony i obszary do rozwoju? Jakie są moje cele i aspiracje oraz jakie kroki mogę podjąć, aby je osiągnąć? Zadając sobie te dociekliwe pytania, możesz odkryć cenne spostrzeżenia i zidentyfikować obszary wymagające ulepszeń, które mogą mieć wpływ na Twoje działania i decyzje w przyszłości.

Jednak refleksja i doskonalenie to nie tylko introspekcja – to także podejmowanie działań. Po zidentyfikowaniu obszarów wzrostu i rozwoju ważne jest podjęcie przemyślanych działań, aby wprowadzić pozytywne zmiany w swoim życiu. Wyznaczaj sobie konkretne, mierzalne i osiągalne cele oraz stwórz plan działania, aby je osiągnąć.

Podziel swoje cele na mniejsze, łatwe do wykonania kroki i ustal priorytety swoich wysiłków na podstawie ich ważności i pilności. Pamiętaj też o śledzeniu swoich postępów i świętowaniu sukcesów po drodze, aby zachować motywację i inspirację do dalszego rozwoju i doskonalenia.

Oczywiście refleksja i doskonalenie to proces ciągły, który wymaga zaangażowania, dyscypliny i odporności. Nie zawsze jest to łatwe i będą chwile, kiedy będziemy mieli trudności ze znalezieniem motywacji lub jasności, aby zastanowić się i podjąć działania. Jednak dzięki praktyce i wytrwałości możemy wykształcić nawyk ciągłego uczenia się i doskonalenia, co wzbogaca nasze życie i popycha nas do osiągnięcia naszych celów. Zakaszmy więc rękawy, zabierzmy się do pracy i podejmijmy podróż refleksji i doskonalenia jako ścieżkę do większej samoświadomości, spełnienia i sukcesu. Przyszłość należy do nas, a dzięki refleksji i doskonaleniu możemy osiągnąć wszystko, o czym tylko marzymy.

Wniosek

Podsumowując, podróż przez przewodnik dla początkujących menedżerów była wzbogacająca i pouczająca. Zbadaliśmy szeroki zakres tematów, od podstaw zarządzania po niuanse przywództwa, komunikacji i dynamiki organizacyjnej. W trakcie tej podróży zdobyliśmy cenne spostrzeżenia i praktyczne strategie radzenia sobie ze złożonością roli menedżera i wspierania sukcesu zarówno w życiu zawodowym, jak i osobistym.

Zaczęliśmy od zbadania roli menedżera, zrozumienia jego obowiązków, wyzwań i możliwości. Następnie zagłębiliśmy się w podstawowe umiejętności, takie jak komunikacja, delegowanie, zarządzanie czasem i podejmowanie decyzji, ucząc się, jak skutecznie przewodzić i inspirować zespoły do osiągania celów. Zbadaliśmy znaczenie różnorodności, włączenia społecznego i inteligencji emocjonalnej w tworzeniu pozytywnego i włączającego środowiska pracy, w którym każda osoba czuje się ceniona, szanowana i uprawniona do wnoszenia najlepszego wkładu.

Zajęliśmy się także kluczowymi tematami, takimi jak rekrutacja, wdrażanie, zarządzanie wydajnością i rozwiązywanie konfliktów, zdobywając cenne informacje na temat przyciągania, rozwijania i zatrzymywania najlepszych talentów oraz tego, jak radzić sobie z wyzwaniami i konfliktami z wdziękiem i profesjonalizmem. Zbadaliśmy znaczenie ciągłego uczenia się, refleksji i doskonalenia, uznając, że wzrost i rozwój to podróże trwające całe życie, które wymagają zaangażowania, ciekawości i odporności.

W całym tym przewodniku pojawił się jeden nadrzędny temat: znaczenie relacji. Niezależnie od tego, czy chodzi o budowanie zaufania i relacji z członkami naszego zespołu, efektywną współpracę między różnymi funkcjami, czy angażowanie interesariuszy i klientów, sukces w zarządzaniu ostatecznie sprowadza się do jakości naszych relacji. Wspierając kulturę zaufania, szacunku i współpracy oraz inwestując w nasz rozwój osobisty i zawodowy, możemy stworzyć miejsce pracy, w którym wszyscy prosperują i odnoszą sukcesy.

Kończąc ten przewodnik, pamiętajmy, że podróż zarządzania nie polega tylko na osiąganiu wyników, ale także na wywieraniu pozytywnego wpływu na życie innych. Kierując się uczciwością, empatią i celem oraz starając się stworzyć miejsce pracy, w którym każdy czuje się ceniony i wspierany, możemy stworzyć lepszy świat dla siebie i przyszłych pokoleń.

Wykorzystajmy więc wnioski wyciągnięte z tego przewodnika i zastosujmy je w naszym codziennym życiu, zarówno zawodowym, jak i osobistym. Starajmy się być liderami, którzy inspirują innych, kultywują doskonałość i zmieniają świat. I nigdy nie zapominajmy, że najbardziej satysfakcjonującą podróżą nie jest ta, którą odbywamy sami, ale ta, którą odbywamy razem, jako zespół, zjednoczeni w naszym zaangażowaniu w doskonałość, rozwój i sukces.

Dziękuję, że dołączyłeś do mnie w tej podróży. Za Twój sukces jako menedżera, lidera i twórcy zmian. Przyszłość rysuje się w jasnych barwach, a dzięki wiedzy i umiejętnościom zdobytym w tym przewodniku nie ma ograniczeń co do tego, co możemy osiągnąć. Życzę nowych początków i ekscytujących możliwości!